I0103122

À papa et maman Garaud,

Hommage du plus profond
attachement de l'auteur,

MONOGRAPHIE

DE LA

MARINE FRANÇAISE EN ALGÉRIE

MONOGRAPHIE

DE

LA MARINE FRANÇAISE

EN ALGÉRIE

PAR

A. LACOUR

Commis de Marine, à Alger

ALGER

IMPRIMERIE ADMINISTRATIVE

GOJOSSO & Cie

—

1877

PRÉFACE

Le but que je me suis proposé en écrivant cette brochure a été de faire ressortir, par le simple exposé des faits les plus saillants qui lui appartiennent, la part importante que la Marine a prise à la glorieuse conquête de l'Algérie.

J'ai divisé ce travail en trois parties :

La première est le précis historique des principales expéditions dirigées contre la Régence d'Alger depuis le commencement du XVIe siècle jusqu'à 1830.

La deuxième, à laquelle j'ai annexé la liste des gouverneurs généraux et commandants supérieurs de la marine qui se sont succédé à Alger depuis la conquête, est le récit chronologique des évènements concernant particulièrement la marine en Algérie, depuis cette dernière époque jusqu'à nos jours.

Enfin, la troisième partie est la description du littoral algérien, au point de vue de son importance maritime et commerciale.

Alger, octobre 1876.

A. LACOUR.

PREMIÈRE PARTIE

———••••———

> « On ne peut sans la mer ni
> « soutenir la guerre ni profiter
> « de la paix. »
> *(Notables de Paris, 1626-1627).*

Vers le commencement du XVIe siècle, époque à laquelle les Turcs s'y établirent, Alger ou El-Djézaïr [1] formait un État indépendant, peu considérable il est vrai, mais qui plus tard acquit une certaine importance. Ses habitants étaient cités déjà au nombre des plus audacieux corsaires de la Méditerranée et ils devinrent bientôt la terreur de la chrétienté.

---

[1] *Al-Djesaïr* (les îles), nom arabe de la ville d'Alger. Cette dénomination lui provient de quelques îlots aujourd'hui noyés dans le port; un seul subsiste encore, c'est l'îlot El-Djefna, sur lequel on a établi une batterie.

L'Espagne était le principal point de mire de leur cupidité et l'objet des plus frénétiques emportements de l'Islamisme depuis surtout qu'elle avait expulsé les Maures de Grenade vers la fin du XVe siècle — La chute de ce dernier rempart de la puissance musulmane sur le sol de la Péninsule avait jeté, en effet, sur l'autre rive de la Méditerranée, tout un peuple altéré de vengeance. Sous le double aiguillon du fanatisme et de la nécessité, ces exilés se transformèrent en redoutables corsaires, et Alger, Oran, Bône, etc., devenus les points de départ principaux de leurs audacieuses expéditions, regorgèrent du produit de leurs brigandages.

Pour mettre un terme à ces violentes déprédations, Ferdinand-le-Catholique, alors roi d'Espagne prit la résolution de poursuivre, jusque dans leurs repaires, ces barbares qu'il avait chassé de ses États. C'est alors que le cardinal Ximenès, réalisant en personne le plan qu'il avait conçu s'emparait de Mers-el-Kébir en 1509, puis d'Oran même quelques mois plus tard.

Maîtres ensuite de Bône et de Bougie, les Espagnols, afin d'assurer leur prépondérance sur la côte d'Afrique, résolurent de s'emparer d'Alger. A cet effet, le Comte de Navarre dont le quartier général se trouvait à Bougie, se présenta devant

Alger à la tête d'une escadre imposante. L'approche de la flotte espagnole eut pour effet immédiat de jeter l'épouvante dans la population. Les Algériens capitulèrent aussitôt ; ils s'engagèrent à se soumettre à l'autorité du roi d'Espagne, à lui payer un tribut annuel pendant dix années et à ne plus faire la course. Mais, peu confiant dans ces promesses, Pierre de Navarre fit construire une forteresse sur l'île dite des Beni-Mezranna située en avant du port [1]. Cette forteresse nommée *penon* par les Espagnols, commandait à la fois la ville et le port qu'elle pouvait battre de son artillerie ; par suite, aucun navire ne pouvait entrer dans le port ni en sortir sans l'autorisation des Espagnols

Cette expédition, qui continuait si heureusement la croisade commencée par le cardinal Ximenès, donnait à l'Espagne une nouvelle force dominatrice sur le littoral africain, et Ferdinand-le-Catholique pouvait, sans trop de présomption, croire à la durée de son œuvre ; mais le temps était proche où cette domination devait crouler et faire place au règne de la piraterie fondé par

---

[1] Cette île fut reliée à la terre ferme en 1530 par Kaïr-ed-din. — C'est l'îlot actuel de l'Amirauté.

Baba-Aroudj (Barberousse) [1] et Kaïr-ed-Din, son frère.

Aroudj et Kaïr-ed-din avaient été de bonne heure dressés au dur métier de la mer ; leur père, renégat albanais, après avoir occupé, sous son nouveau nom de Mohamet, un grade sur les vaisseaux du sultan Bajazet, et être ensuite tombé dans la disgrâce, s'était retiré dans l'île de Metelin [2] où il eut d'une chrétienne nommée Catilina plusieurs enfants, parmi lesquels Aroudj et Kaïr-ed-din.

L'ainé, Aroudj, se souciant fort peu de l'état de pêcheur que lui avait donné son père, abandonne un beau jour sa barque et ses filets, se rend à Constantinople où il obtint dù Sultan le commandement d'une galère, puis il se mit à écumer la mer.

Ses débuts ne furent point favorables, car s'étant trouvé dans un combat naval avec les Chevaliers de St-Jean de Jérusalem, il fut pris avec

---

[1] Baba-Aroudj, le père Aroudj ; c'était le nom familier dont se servaient les Turcs et les Arabes pour désigner leur vaillant chef. Les Européens en ont fait Barberousse.

[2] Metelin (ancienne Lesbos), est une des îles les plus importantes de l'archipel, au nord de Scio et presqu'à l'entrée du golfe de Guestro.

la galère qu'il commandait et conduit à Rhodes où il fut vendu comme esclave. Il parvint à s'évader et se rendit dans sa famille, à Mételin, où il décida son frère Kaïr-ed-din à le suivre dans ses expéditions aventureuses.

Leur fortune s'accroît avec leur audace et leurs succès ; ils équipent huit galères et désolent la côte de la Méditerrannée ; les corsaires barbaresques les reconnaissent pour chefs, et les Bougiotes voulant se débarrasser du joug incomode que leur impose le comte de Navarre, les adjurent d'attaquer les Espagnols.

Barberousse qui se trouvait alors à Tunis, décida le souverain à lui confier deux bâtiments bien armés pour aller s'emparer de Bougie. Avec ces deux bâtiments et trois autres qui lui appartenaient, Barberousse parut devant cette ville en mai 1512 et fit une descente pour reconnaître la place. Comme il s'en approchait il fut atteint d'un projectile qui lui cassa le bras droit ; il se retira à bord et souffrit l'amputation sans sourciller ; mais il dut faire lever l'ancre devant une résistance opiniâtre des Espagnols et se réfugia à Tunis. Deux ans plus tard (1514), il renouvelle son attaque, mais sans plus de succès ; furieux, il se retire à Djidjelli, en chasse les Génois et y établit son quartier général.

A la mort de Ferdinand-le-Catholique (1516) les Algériens reprirent espérance de secouer le joug espagnol. Cet évènement vint en effet servir les intérêts de Barberousse et décupler sa puissance. Le penon se dressait devant Alger comme une vivante menace, Selim Eutemi, alors gouverneur de cette ville, jugeant le moment venu, résolut d'abattre cette forteresse ; mais avant de rien entreprendre il fit appel au concours de Barberousse dans la pensée que celui-ci embrasserait ses intérêts. Barberousse accourt à cet appel et s'installe à Alger avec ses compagnons, écumeurs de mer, tous recrutés parmi les Turcs. Mais Selim s'aperçut trop tard qu'en appelant les corsaires à son aide il avait préparé sa ruine.

Barberousse fit commencer immédiatement l'attaque du penon ; mais ses canons de trop petit calibre, ne produisirent pas grand effet. Il continua néanmoins ses attaques pendant vingt jours durant, comme pour donner le temps nécessaire aux renforts de lui arriver ; puis, quand il fut assez puissant pour tout oser, il ne parut plus songer à chasser les Espagnols du penon ; murissant un autre projet, il ne recula pas devant un crime pour atteindre son but, et le consomma sur la personne de Selim Eutemi qu'on trouva étranglé dans son bain. A cette nouvelle, les Maures terrifiés s'en-

fermèrent dans leurs maisons, tandis que Barbe-
ronsse parcourait la ville à cheval au milieu de
ses Turcs et d'Arabes gagnés à sa cause, qui aux
cris de : El-heuria! El-heuria! Al-Koran! Al-
Koran [1] le proclamèrent roi d'Alger.

Le premier acte de son règne fut la création de
l'Odjeack ou milice turque; il lui donna une puissante organisation. Les membres seuls de cette
milice pouvaient concourir aux emplois à l'exception des renégats étrangers, et nul ne pouvait en
faire partie s'il n'était d'origine turque. On sait,
en effet, que presque tous les deys qui se sont
succédé dans la Régence d'Alger provenaient des
rangs de l'Odjeack.

Cette année même (1516), l'Espagne dirigea
une nouvelle expédition contre Alger.

Une flotille de 80 voiles, portant 8,000 hommes
de troupes, sous le commandement de Francesco
de Vera, sortit de Carthagène et se présenta en
octobre devant Alger. Le débarquement s'effectua
en bon ordre et les troupes divisées en quatre
corps marchèrent contre la ville sans être trop
inquiétées.

Francesco de Vera fut bien étonné en s'appro-
chant de voir que les portes étaient restées ou-

[1] La liberté! La liberté! Le Koran! Le Koran!

vertes. Craignant un piége, il ne voulut pas profiter de cette circonstance et fit tenter l'escalade des murailles ; mais les Espagnols furent vigoureusement repoussés par Barberousse en personne qui, à la tête de ses troupes, les força à reculer. Barberousse profitant de cet avantage lança sur eux sa cavalerie et les battit complètement : trois mille Espagnols restèrent sur la place sans compter 400 prisonniers ; le reste abandonnant armes et bagages regagna en désordre les vaisseaux. Au même instant, une tempête furieuse s'élève qui brise les navires les uns contre les autres et couvre la plage de débris. Enfin, ce qui restait de la flotille Espagnole regagne la haute mer et Barberousse rentre dans Alger où il est accueilli comme un sauveur.

Francesco de Vera fut, dit-on, très-mal reçu à son retour en Espagne. On disait de lui qu'avec deux bras il s'était laissé battre par Barberousse qui n'en avait qu'un.

Mon intention, on le comprend, n'est pas de suivre Barberousse à travers toutes les phases de son règne ; elles se suivent et elles se ressemblent. Les brigandages, les assauts, les incendies, les massacres s'y renouvellent fréquemment. Il fut tué en mai 1548 sur les bords du Rio-Salado (Oued-el-Malah) en s'enfuyant de Tlemcen qui venait de tomber au pouvoir des Espagnols. Barberousse avait alors 44 ans.

Kaïr-ed-Din [1] son frère fut proclamé roi par les Algériens sous le nom de Barberousse II. Le nouveau chef de l'Odjeack connaissant la versatilité du caractère musulman eut recours pour consolider sa puissance, à un acte de haute politique. Il fit hommage de l'Odjeack au sultan de Constantinople (Selim 1er) et se reconnut volontiers son tributaire. Sélim accepta avec empressement, il nomma Kaïr-ed-Din gouverneur d'Alger avec le titre de dey et lui envoya 2,000 hommes de ses meilleures troupes

C'est donc de cette époque (1518) qu'Alger devint capitale de la Régence turque.

Charles-Quint apprenant la mort de Barberousse pensa que le moment était venu d'anéantir les corsaires qui continuaient leurs audacieuses rapines sur les côtes de la Péninsule et voulut tenter une nouvelle expédition. Hugo de Montcade, vice-roi de Sicile, en reçut le commandement. La flotte se composait de 28 navires et de quelques brigantins de transport, l'armée était forte de 7,000 hommes.

Montcade se présenta devant Alger le 17 août

[1] Kaïr-ed-Din veut dire : le bien de la religion.

1558, les troupes débarquèrent sans résistance le lendemain et gagnèrent la colline sur laquelle fu construite le fort l'Empereur [1] puis s'y retranchèrent.

Encore cette fois la flotte eut à essuyer une violente tempête qui jeta 26 navires à la côte ; il se noya 400 hommes, et le malheureux Moncade fut contraint de se rembarquer abandonnant aux Turcs de nombreux prisonniers et un matériel immense [2].

A la nouvelle de cet épouvantable désastre Charles-Quint exaspéré jura d'en tirer une vengeance éclatante.

Il résolut, en effet, cette expédition de néfaste mémoire, où il comptait reconquérir par une grande victoire le prestige que des revers récents lui avaient fait perdre.

Charles-Quint rassembla à cet effet des forces

---

[1] Ce fort, dernier retranchement des Turcs, lors de la prise d'Alger, et qu'ils firent sauter au moment où les Français allaient s'en emparer, fut réédifié en sa forme primitive et existe encore aujourd'hui.

[2] A la suite de ce désastre, les bagnes d'Alger furent si remplis d'esclaves chrétiens que, dans la crainte d'une révolte de leur part. Barberousse II eut l'atrocité de les faire massacrer au nombre de trois mille sur le bord de la mer, soixante-quatorze seulement furent épargnés.

considérables. La flotte, dont le commandement fut confié à André Doria, se composait de 65 galères et de 451 navires de transport ; leur personnel était de 12,000 hommes et l'armée expéditionnaire formait un effectif de 24,000 hommes. La saison était très-avancée, peu de gens auguraient bien de l'entreprise et le vieux Doria, en marin prévoyant et expérimenté, essaya de détourner l'Empereur de son dessein : « Par Dieu, s'écria-t-il, si nous allons à Alger, nous périrons tous ! » Mais Charles-Quint répondit en riant au vieux marin : « Vingt-deux ans d'empire pour moi, et soixante-douze ans de vie pour vous, nous doivent suffire à tous deux pour que nous mourrions contents. » Et, l'incident terminé, il donna l'ordre du départ.

La flotte impériale arriva en rade d'Alger du 24 au 26 octobre 1541, et le débarquement se fit pour ainsi dire sans opposition de la part des Arabes et des Turcs. Un des officiers de l'état-major de Charles-Quint s'avança par son ordre vers la porte Bab-Azoun, portant une pique surmontée d'un pavillon blanc, et se fit conduire, comme parlementaire, près du chef de la Régence qui le reçut aussitôt. Il exposa au Dey sa mission et lui enjoignit au nom de l'Empereur de livrer la ville.

En l'absence de Barberousse II, un renégat

2

sarde, Hassan-Aga, commandait dans Alger ; il
répondit qu'il opposerait aux soldats de la Croix
les défenseurs de l'islamisme, et que le Prophète
aidant, aux défaites de Vera et du Marquis de
Moncade allait se joindre encore la défaite de
Charles-Quint. La réponse était fière ; mais elle
devait malheureusement se réaliser.

On connaît les résultats de cette désastreuse
campagne : pour la troisième fois en moins de 25
ans, les troupes espagnoles furent vaincues et
dispersées par la tempête !

Énivrés par ces succès, les corsaires algériens
arment de nombreux navires, et, sans tenir compte
des traités existants, ils attaquent et capturent,
sans distinction de pavillon, tous les navires chrétiens qu'ils rencontrent.

La Porte s'en émut et leur envoya l'ordre for-
mel de respecter ses alliés. Les Algériens s'y
refusèrent :

« Nos courses n'ont d'autre but, répondirent-
« ils, que de contenir les chrétiens, ennemis-nés
« des vrais croyants. — Si nous respectons tous
« ceux qui pourraient acheter de la Porte la paix
« ou la liberté du commerce, il ne nous resterait
« plus qu'à brûler nos navires, à renoncer aux
« glorieux devoirs de défenseurs de l'Islamisme,
« à prendre part aux paisibles opérations des ca-
« ravanes et à devenir chameliers. »

« Vous poursuivrez l'infidèle jusqu'à ce qu'il « ait reçu le livre ou payé le tribut. » [1] avait dit le prophète à ses adeptes. Partant de ce principe, rien n'était plus naturel aux yeux de ces fanatiques musulmans que la piraterie exercée par eux contre les chrétiens qui leur refusaient ou l'apostasie ou l'impôt.

Bientôt leurs attaques devinrent si fréquentes que l'amiral de Beaulieu reçut l'ordre de Louis XIII, en 1617, de bloquer Alger et de détruire sa marine. Malheureusement cette expédition n'aboutit point : La flotte française après avoir donné la chasse aux corsaires qui menaçaient les côtes d'Espagne, fut surprise par le mauvais temps et rentra dans le port de Toulon.

Après de nouveaux traités, toujours violés par les barbaresques, une nouvelle expédition fut décidée par la France en 1664. Le duc de Beaufort, l'ancien roi des Halles, prit le commandement de la flotte qui se composait de 16 vaisseaux auxquels se joignirent quelques bâtiments Maltais et Hollandais. L'armée de terre placée sous le commandement du M" de Gadagne, était forte de 6,000 hommes.

Les troupes débarquèrent le 22 juillet 1664,

[1] Coran. CHAPITRE XII.

occupèrent la ville de Djidjelli et construisirent
un fort (le fort Duquesne) pour se défendre contre
les attaques incessantes des Kabyles. « Nous
« sommes descendus à Gigery, écrivait le duc de
« Beaufort à Louis XIV ; c'est un bon et très-beau
« poste. Je me suis donné l'honneur d'en écrire
« (au long) à Sa Majesté par un brigantin. De
« l'aveu de tout le monde on y peut faire un bon
« port et une place miraculeuse. Il y a eu un peu
« de monde tué ayant trouvé cavalerie et infan-
« terie très-préparée ; les Maures en ont aussi
« perdu. Il nous faut, s'il plaît au roi, ses ordres
« promptement et des vivres et munitions de
« guerre : de ces dernières, il y en a peu et
« des autres de même. Je supplie Sa Majesté
« d'envoyer force ouvriers, outils, matériaux
« et chevaux, des souliers et le linge nécessaire
« pour les troupes ; ils sont presque nus..... »

« De Gigery, ce 3 août 1664.

« Le Duc de Beaufort. »

Mais bientôt après les Turcs arrivèrent d'Alger
avec une puissante artillerie (octobre 1664) et
Djidjelli fut abandonnée à une attaque furieuse de
ces derniers.

Dès le commencement de l'année suivante (1665)
la France arma une nouvelle flottille destinée à

sévir rigoureusement contre les pirates barbaresques. Le duc de Beaufort reçut de nouveau le commandement de cette flotte et le chevalier Paul
fut mis à la tête des troupes.

Le duc de Beaufort rencontra les pirates près
de Tunis et les battit complètement ; puis il se
présenta devant Alger, attaqua avec furie la flotte
des corsaires et l'anéantit presqu'entièrement. Le
Dey sollicita la paix : les esclaves recouvrèrent
la liberté et les bâtiments capturés furent rendus
à leurs propriétaires. Ce désastreux échec que venait de subir la Régence d'Alger pouvait naturellement faire croire à une paix durable, c'était
compter sur la foi punique ; dès qu'ils eurent ré-
paré leurs pertes, les corsaires recommencèrent
leurs brigandages, et, semblables à des nuées de
vautours, ils s'élancèrent de nouveaux sur leur
proie, altérés de sang et de vengeance !

Mais Duquesne avait reçu l'ordre d'attaquer les
corsaires partout où il les rencontrerait L'amiral
prit aussitôt la mer et courut sus aux pirates. Il
devint bientôt la terreur des bâtiments musulmans :
il en enlevait pour ainsi dire autant qu'il en ren-
contrait prétextant en cela de la nécessité des représailles. En présence d'un tel adversaire, les
Algériens s'engagèrent par de nouveaux traités à
ne plus faire la course aux navires français.

En 1682, le nouveau chef de la Régence, Baba-Hassan, ayant jugé à propos de rompre avec la France, Louis XIV fit armer une flotte considérable et Duquesne reçut l'ordre d'en prendre le commandement. L'amiral s'adjoignit Tourville et Forant. L'armée réunie arriva le **21 juin 1682** entre Cherchell et Alger : elle se composait de 11 vaisseaux de **guerre**, 15 galères, **5** galiotes à bombes, 3 brûlots, quelques flutes et tartanes puis se présenta devant Alger.

Les galiotes à bombes récemment imaginées par un ingénieur français (Renau d'Eliçagaray) jetèrent toute la nuit des bombes dans Alger et y causèrent un grand désordre ; mais le vent ayant fraîchi tout-à-coup, Duquesne redoutant une tempête se retira avec une partie de l'escadre et laissa quelques navires en croisière devant Alger où il devait bientôt venir les rejoindre.

Duquesne revint en effet l'année suivante pour continuer son œuvre de destruction et de châtiment ; le feu de ses galiotes causa dans la ville d'effroyables ravages. Alger s'abîma dans les flammes ; il ne put néanmoins, faute de temps et de munitions forcer les pirates à se rendre ; mais il avait incendié leurs navires, ruiné leurs répaires et il ramenait avec lui 600 esclaves chrétiens. Mais ces représailles qui donnaient à notre honneur national une apparente satisfaction, ne modifiaient en rien la situation. Alger était, en effet, aussitôt réédifiée et les corsaires continuaient leurs pirateries.

Dès l'année suivante (1684), Tourville dirigea une nouvelle expédition contre Alger. Des négociations aboutirent et la paix fut signée [1].

Quelques années plus tard, en 1688, la paix que Tourville avait conclue avec les Algériens fut de nouveau rompue par ces derniers. Le maréchal d'Estrées leur infligea, en 1688, un sévère châtiment. Les galiotes jetèrent dans la ville d'Alger plus de 10,000 bombes. Les Algériens usèrent en cette circonstance de représailles terribles ; ils eurent la cruauté d'attacher à la bouche de leurs canons plusieurs français de distinction dont les membres mutilés vinrent tomber, dit-on, jusque sur les bâtiments français ! [2].

A la suite de cette expédition, le paix fut défi-

---

[1] L'expédition de Duquesne avait été si coûteuse pour la France que Mezzo-Morto, alors chef de la Régence, apprenant ce qu'avait dépensé Louis XIV pour le bombardement, dit à Tourville avec un incroyable cynisme : « Votre Sultan n'avait qu'à me donner la moitié de ce qu'il a dépensé et je ruinais Alger moi-même. »

[2] On voit à Brest la pièce à laquelle fut attaché le père Le Vacher, qui était alors Consul de France à Alger. Elle porte le nom de *Consulaire*.

nitivement conclue entre la France et la Régence
d'Alger : elle dura plus d'un siècle.

Mais les corsaires algériens, tout en respectant
le pavillon de la France, n'en continuèrent pas
moins leur piraterie ; ils causèrent de si grands
ravages sur les côtes d'Espagne que cette puissance, malgré ses revers passés, résolut une nouvelle expédition contre Alger.

La flotte se composait de 6 vaisseaux de ligne,
14 frégates, 24 galiotes à bombes et 344 batiments
de transport, l'armée expéditionnaire sous le
commandemant du général O'Reilli, était forte de
23.000 hommes.

L'escadre arriva à Alger le 1er juillet 1775 ; la
mer était calme, mais l'amiral commit la faute
de retenir les troupes à bord pendant huit jours,
pour croiser devant la place. Pendant ce temps
le Dey arma tous les forts et fit appel aux tribus
de l'intérieur ; près de 100.000 hommes lui ré-
pondirent.

O'Reilli fit débarquer ses troupes ; cette opération eut lieu sans difficultés sérieuses. Mais
bientôt les Turcs et les Kabyles s'ébranlent ; les
Espagnols marchent bravement à leur rencontre :
la mêlée fut sanglante, mais malgré leur bravoure
les Espagnols durent céder au nombre toujours
croissant de l'ennemi, laissant entre ses mains de

nombreux prisonniers et une partie de leur matériel [1].

Huit ans plus tard, en 1783, l'Espagne non
découragée par ce nouveau revers, décida une
nouvelle expédition contre la Régence d'Alger qui,
au mépris du droit de la nature et des gens faisait
une guerre acharnée à son commerce.

L'amiral Barcelo fut chargé du commandement
de cette expédition et reçut l'ordre de réduire
Alger. Il bombarda en effet la ville pendant huit
jours sans pouvoir y causer de grand dégâts, puis
il retourna à Carthagène. L'année suivante, il
prit le commandement des escadres combinées
d'Espagne, du Portugal et de la Sicile et se
présenta de nouveau devant Alger ; cette fois
encore il brûla beaucoup de poudre, mais en pure
perte.

Lasse de tant d'insuccès, l'Espagne dut se rési-
gner enfin à acheter la paix.

En 1797, lors de l'expédition d'Egypte, la
Régence fut invitée par la Porte à rompre avec la
France et les Corsaires algériens dont le fanatisme religieux avait été adroitement surexcité,
firent à nos navires marchands une guerre achar-

---

[1] On voit au musée des Beaux-Arts, à Alger, un tableau représentant cette bataille.

née. Cependant en 1801 un nouveau traité fut
conclu et nos établissements de la côte d'Afrique
furent rétablis.

En 1816, l'Angleterre ayant offert sa média-
tion entre le Dey et les rois de Sardaigne et de
Naples dont plusieurs navires avaient été capturés par les corsaires algériens, envoya l'amiral
Exmouth devant Alger avec mission d'obtenir la
mise en liberté de tous les esclaves chrétiens dé-
tenus dans les bagnes d'Alger et la restitution des
sommes payées pour le rachat des sujets sardes
et napolitains.

Lord Exmouth arriva devant Alger en avril
1816 et invita le Dey à répondre à son ultimatum
d'une manière catégorique ; celui-ci déclara que,
vu la gravité de la question, il devait en référer
au Sultan, chef direct de la Régence. L'Amiral
accéda à ce désir et déclara qu'il attendrait la
réponse de la Porte et se retira à Gibraltar.

L'escadre, augmentée de la flotte hollandaise
sous les ordres du vice-amiral Vander Capellen,
revint à Alger le 27 août suivant et s'embossa à
portée de fusil en face des batteries du môle.

Les Arabes engagèrent aussitôt l'action qui devint bientôt générale, les bombes tombaient
comme la grêle dans la ville d'Alger ; le feu de
l'artillerie anglaise devint si terrible qu'en peu

d'heures les murailles du môle furent démantelées
et les navires des corsaires incendiés et détruits.

Mais ce succès fut acheté au prix des plus
grands sacrifices. — L'escadre était restée pendant 9 heures sous le feu continuel des batteries ;
presque tous les vaisseaux étaient désemparés et
le nombre des morts et des blessés était considérable. Les Algériens complétement démoralisés
par la destruction complète de leurs vaisseaux
acceptèrent toutes les conditions que Lôrd Exmouth leur imposa.

En moins d'un an, Alger était rebâtie, sa marine reconstruite, ses forts réparés et les corsaires
plus exaltés que jamais coururent de nouveau les
mers.

L'Europe s'en émut et au congrès d'Aix-la-
Chapelle (20 novembre 1818) on discuta les
moyens à employer pour mettre un terme à la
piraterie. Il fut décidé que la France et l'Angleterre présenteraient au Dey d'Alger un traité ten-
dant à abolir la course d'une façon définitive. —
Le contre-amiral Jurien de la Gravière et le
commodore anglais Freemoutle notifièrent ensemble cette décision au chef de la Régence (septembre 1819). Mais Hussein-Dey déclara qu'il ne
pouvait, quel que fût son désir, prendre une telle
détermination et que, s'il osait le faire, il serait

infailliblement massacré par son peuple, puis il ajouta ces orgueilleuses paroles : « La Régence fait la guerre à qui bon lui semble »

Cette arrogante réponse devait provoquer ce semble, des mesures énergiques. mais comprendra-t-on que les Cours signataires du protocole n'appuyèrent d'aucune démonstration le message de leurs envoyés ? Naturellement l'audace dés corsaires s'en accrut et la piraterie reprit son essor.

L'insolence de ces derniers devint telle qu'en 1826, contre la teneur expresse des traités, existants, des navires appartenant à des sujets romains et couverts du pavillon et de la protection de la France, furent impitoyablement capturés et les équipages conduits dans les bagnes d'Alger.

La corvette la *Torche*, commandée par M. le capitaine de frégate Fauré [1], reçut, au mois de novembre de la même année, la mission d'aller à Alger délivrer ces prisonniers. Cette expédition fut couronnée de succès, et les sujets romains délivrés de leurs fers furent conduits à Rome par le navire même qui les avait délivrés.

Il est facile de voir, d'après ce qui précède,

[1] Mort contre-amiral commandant supérieur de la marine à Alger, le 13 septembre 1843.

que toutes les expéditions dirigées contre la Régence d'Alger pour la soumettre au respect du droit des gens et abolir la piraterie, n'avaient fait que l'humilier mais ne l'avaient point réduite ; car dans les longs intervalles de ces expéditions, pour la plupart peu considérables, ou couronnées d'insuccès, la course continue avec plus ou moins de violence.

Enfin arriva la sanglante insulte faite à notre consul général : M. Delval s'étant présenté le 30 avril 1827 à l'audience du Dey pour le féliciter suivant l'usage, la veille des fêtes musulmanes, celui-ci lui demanda avec emportement s'il n'avait pas à lui remettre une lettre de son souverain.

« Votre Altesse sait bien, répondit M. Delval, que le roi de France ne peut correspondre avec le Dey d'Alger. »

Hussein se leva furieux, lui porta plusieurs coups d'un chasse-mouches qu'il tenait à la main et lui ordonna de se retirer.

Cette inqualifiable injure ne pouvait rester impunie : Une division navale sous les ordres du capitaine de vaisseau Collet part de Toulon dans les premiers jours de juin 1827, avec mission de bloquer le port d'Alger.

Le 11 juin au matin, la goëlette de guerre la

Torche, commandant Fauré, arrive à Alger et remet à M. Delval les instructions du Ministre des affaires étrangères qui lui prescrivaient de se retirer à bord du vaisseau que montait le commandant de l'expédition.

Le Consul général s'étant rendu à cette invitation, M. le commandant de vaisseau Collet rédigea une note par laquelle il exigeait du chef de la Régence des réparations pour l'outrage fait à la France sur la personne de son représentant.

Ces conditions portaient que le Vekil-hardj (Ministre des affaires étrangères et de la marine de la Régence), devait se rendre, à la tête d'une députation, à bord du commandant de l'expédition et là, faire des excuses au Consul général sur la conduite du Dey à son égard ; le pavillon de la France devait être arboré sur les forts d'Alger et salué de cent coups de canon, faute de quoi les hostilités commenceràient.

Le Dey d'Alger, n'ayant point satisfait dans les 24 heures à cet ultimatum, la négociation fut rompue et le blocus décidé. Il dura trois ans, c'est-à-dire jusqu'au jour où la France vint planter elle-même son drapeau sur les murs d'Alger et affranchir à jamais l'Europe entière du triple fléau que le monde civilisé s'indignait d'endurer encore : la piraterie, l'esclavage des prisonniers et les tributs honteux qu'un peuple barbare lui imposait depuis plus de trois siècles.

Pendant ce long blocus, la division navale eut souvent l'occasion de châtier les corsaires algériens assez hardis pour continuer leurs rapines et oser braver la surveillance active dont ils étaient l'objet. Nous citerons les faits les plus importants :

Le 14 septembre 1827, les embarcations des corvettes la *Cornélie*, le *Faune* et l'*Hécla*, détruisirent sur la côte dans l'est d'Alger, un bâtiment algérien chargé de grains, après l'avoir forcé à s'échouer et malgré une vive fusillade des arabes qui cherchaient à le remettre à flot. Deux jours après, un bateau ponté chargé de sel et venant de Tunis est tombé au pouvoir des mêmes embarcations qui n'ont pas donné à l'équipage le temps de le saborder pour le faire couler, et qui l'ont emmené sous le feu des bédouins accourus en grand nombre sur le rivage pour y mettre obstacle

Le 4 octobre suivant, M Collet étant à 7 milles au nord d'Alger avec l'*Amphitrite*, vaisseau rasé de 60 canons qu'il montait, la *Galathée*, le *Faune*, la *Cigogne* et la *Champenoise*. vit sortir du port 11 bâtiments de guerre, dont une frégate, 4 corvettes et 6 bricks ou goélettes, tous armés de canons.

Cette escadre se dirigeait sur l'ouest en longeant la côte ; le vent était fort et la houle portait à terre. Cependant le commandant Collet courut à l'instant sur l'ennemi qui manœuvra pour combattre près des batteries de la côte. A midi le combat commença vivement ; l'ennemi plia deux fois complètement faisant vent en poupe ; à deux heures et demie il se mit sous la protection de de ses forts et à la nuit il se dirigea sur le port, où il se réfugia.

Le 22 mai 1828, le brick l'*Adonis*, commandé par M. Ropert, capitaine de frégate ayant eu connaissance que le brick de commerce français l'*Arlequin*, capturé l'année précédente par les pirates algériens, était mouillé dans le port d'Oran, résolut de l'enlever. A cet effet, il fit le signal d'armer les chaloupes et canots en guerre : tout fut disposé à 10 heures du soir ; il fit partir de conserve deux embarcations de l'*Adonis* et deux de l'*Alerte* pour s'emparer du bâtiment capturé.

D'après les instructions que M. Ropert avaient données, les embarcations ne pénétrèrent dans le port qu'à une heure et demie du matin ; elles se sont ensuite emparées du brick l'*Arlequin*, qui était amarré à quatre amarres le long des fortifications.

Les Algériens préposés à la garde du bâtiment

n'ont trouvé leur salut qu'en se jetant à la mer.

Ce brick étant complètement dégréé, les embarcations l'ont traîné à la remorque, malgré les obstacles qu'il y avait à vaincre sous le feu des coups de canon et d'une vive fusillade qui partait des forts.

Les embarcations étaient commandées par MM. Danguillecourt, de Sandfort, lieutenants de vaisseau, de Vitrolles et Jean-Bart,[1] enseignes de vaisseau

Le 1er octobre de la même année quatre corsaires algériens ont été détruits dans la baie de Torre–Chica,[2] située à 20 kilomètres dans l'ouest d'Alger.

La division se trouvait à petite distance dans le N.-O. de la Pointe-Pescade, quand le brick l'*Alerte*, commandant Andréa de Nerciat, signala quatre corsaires manœuvrant pour forcer le passage et gagner les batteries du cap Caxine.

La frégate la *Constance* commandée par M. le capitaine de vaisseau Le Normant de Kergrist se mit aussitôt à leur poursuite, mais ceux-ci voyant arriver ce renfort et désespérant dès lors

[1] Descendant du célèbre Jean-Bart. — Mort à Mayotte, le 3 juin 1843, à bord de la corvette la *Sarcelle*, qu'il commandait avec le grade de lieutenant de vaisseau.

[2] Baie de Sidi-Ferruch.

de pouvoir s'échapper, furent réduits à s'échouer.

Deux des corsaires s'étant réfugiés sous la protection de deux batteries armées de 15 canons sur la pointe même de la tour, la *Constance* leur envoya sa volée et combattit les forts qu'elle rangeait de très-près. La *Provence* que montait M. le contre-amiral de la Bretonnière arriva bientôt et en peu d'instants, après avoir reçu quelques boulets dans sa mâture et son gréement, parvint à faire taire les batteries et à les faire évacuer. Dès lors le feu fut dirigé sur les deux corsaires : l'un d'eux sauta en l'air ; le second, qui se trouvait auprès de lui, fut écrasé par les boulets et ne tarda pas à prendre feu. Les équipages qui les montaient eurent le temps de se sauver à la nage pour courir aux batteries qui venaient d'être abandonnées. Dans ce moment la *Flore*, venant de Mahon, prit poste derrière la *Provence* pour contribuer à détruire les forts.

Quant aux deux autres corsaires, ils furent ; l'un incendié par une embarcation de l'*Alerte*, et l'autre détruit par le feu de la *Constance*.

Dans cette affaire 23 hommes ont été mis hors de combat, dont 20 à bord de la *Provence*.

Le 19 juin 1829, la frégate l'*Iphigénie* commandée par M. Latreyte, capitaine de vaisseau. en compagnie de la frégate la *Duchesse de Berry*, en croisière entre les caps Dellys et Marison, aperçut un corsaire algérien armé de canons qui longeait la côte sous toutes voiles. Après deux heures de chasse, ce bâtiment parvint à se réfugier dans une anse si près de terre que les deux frégates ne pouvaient aller l'y inquiéter ; mais chacun des commandants fit armer trois embarcations et les envoya vers le corsaire avec ordre de le détruire, en évitant de descendre à terre.

Vers huit heures du matin ces embarcations se trouvèrent assez près de terre pour faire usage de leurs pierriers, dont le feu, accompagné d'une vive fusillade, dissipa et repoussa dans l'intérieur les nombreux Arabes armés qui bordaient la plage.

L'approche des embarcations avait eu pour effet immédiat de faire mettre le corsaire à la côte ; mais ce bâtiment ne paraissant pas assez complètement détruit, M. le lieutenant de vaisseau Chieusse, commandant l'expédition, donna l'ordre à l'un des canots de l'*Iphigénie* commandé par M. l'enseigne de vaisseau de Lalande de Calan d'aller achever de le ruiner, malheureusement ce canot fut poussé à terre par la lame. Les Bédouins renforcés des pirates et de ceux qui leur arrivaient de toutes parts, assaillirent l'équipage du canot qui se défendait vaillamment, ce que voyant, les trois canots de la *Duchesse de Berry* emportés par une ardeur généreuse, mettent debout à terre et se précipitent au secours de leurs camarades engagés. On vit alors ce que peuvent quelques Français contre des masses de Bédouins; plus de 500 furent mis en fuite en laissant sur place une soixantaine des leurs.

Le premier usage qu'on fit de cet avantage fut d'essayer de remettre à flot les 4 canots échoués, mais une seule embarcation de la *Duchesse de Berry* put être remise à la mer et il fallut abandonner les trois autres après les avoir défoncés ; car des bandes nombreuses de Bédouins armés accouraient de toutes les directions.

Pendant ce temps, M. de Calan avec quelques-uns de ses hommes achevaient de saborder le navire algérien.

A 10 h. 1{2 les embarcations rallièrent les frégates, mais 25 braves avaient payé de leur vie cet acte d'héroïsme.

Cependant le Gouvernement français reconnaissant l'inefficacité du blocus comme système de répression résolut de prendre des mesures plus décisives. — Mais il crut devoir, avant d'arrêter sa détermination, faire une nouvelle démarche vis-à-vis du Dey.

M. le comte de la Bretonnière fut chargé de

cette importante mission ; il porta au chef de la Régence jusque dans son palais de la Casbah nos justes réclamations ; mais le Dey jugeant, sans doute, qu'il était aussi facile de nous vaincre que de nous outrager, fit cette orgueilleuse réponse à notre ambassadeur :

« J'ai de la poudre et des canons et, puisqu'il n'y a pas moyen de s'entendre, vous êtes libre de vous retirer. Vous êtes venu sous la foi du sauf-conduit, Aman-ilé, je vous permets de sortir sous la même garantie. »

Le négociateur, fixé sur le résultat de sa mission, prit aussitôt congé du Dey et regagna son vaisseau où on l'attendait avec inquiétude [1].

Couvert du pavillon parlementaire et forcé par

---

[1] Dans le trajet que fit M. de la Bretonnière pour se rendre du quai à la Casbah, la vue d'un spectacle bien affigeant lui avait été ménagée avec un raffinement de cruauté bien digne du caractère musulman : les 3 chaloupes des frégates françaises l'*Iphigénie* et la *Duchesse de Berry*, tristes débris de la sanglante et malheureuse entreprise du 19 juin, avaient été rangées sur son passage, de manière à ne pas échapper à ses regards. De jeunes algériens, instruits sans doute à cette manœuvre, frappaient dessus et s'efforçaient par leurs gestes d'attirer son attention sur ces objets que toute la population d'Alger considérait sans doute comme des trophées d'une victoire signalée. Il vit même plusieurs algériens portant sur eux les vestes ou paletots des marins tués dans ce combat.

le vent de passer à portée du canon sous les batteries de la ville, le brick l'*Alerte*, commandant Nerciat, sortit de la baie et prit le large sans inconvénient.

Il n'en fut pas de même du vaisseau la *Provence*, qui, après avoir appareillé, suivait la même route portant le pavillon parlementaire au mât de misaine, le pavillon du Roi arboré à la corne et le guidon de commandement au grand mât. A un signal parti du château même occupé par le Dey à la Casbah, les batteries de la ville les plus rapprochées firent un feu d'ensemble sur ce vaissau qui, sur la foi de son sauf conduit, et sans crainte aucune naviguait pour prendre le large. Cette canonnade dura une demi-heure environ, c'est-à-dire jusqu'à ce que la *Provence* fut hors de portée.

Mais ce nouvel outrage devait bientôt attirer sur la Régence une vengeance éclatante, car la France venait de prendre la résolution d'imposer cette juste réparation par les armes.

Le 15 mai de l'année suivante, 1830, environ un mois et demi avant cette mémorable conquête, les deux bricks de guerre, l'*Aventure* et le *Sylène*, faisant partie de la station de blocus devant Alger et commandés par MM. d'Assigny et Bruat, lieutenants de vaisseau, furent jetés à la côte et

s'échouèrent près le cap Bengut, à 36 milles environ du cap Caxine.

Tous les efforts des équipages réunis ayant été
vainement tentés pour le renflouage, on dut songer au débarquement qui s'effectua dans le plus
grand ordre ; on n'eut à déplorer dans cette pénible opération que la perte d'un seul homme en-
levé par la mer : les malades furent mis à terre
les premiers, l'équipage ensuite. Enfin les deux
commandants avisèrent à ce qu'il y avait à faire
de plus convenable dans cette funeste situation.
Ayant réuni les officiers des deux bricks, ils leur
présentèrent les deux moyens de salut qui s'of-
fraient naturellement à eux : le premier c'était de
s'armer et de se tenir près des bricks jusqu'à ce
que le temps put permettre aux bâtiments de
guerre de venir les sauver ; le second était
de ne faire aucune résistance et de se laiss-
ser conduire par les Bedouins jusqu'à à Alger.
Ils se décidèrent pour le dernier, leur poudre
étant d'ailleurs mouillée et la brume qui couvrait
la mer ne leur permettant point d'apercevoir leurs
bâtiments de tout le jour. Les deux équipages s'é-
tant donc rassemblés, après avoir ramassé quelques vivres que la mer avait jetés sur le rivage,
prirent le chemin d'Alger en suivant la grève es-
carpée qui borde ces parages ; il était environ

4 heures du matin, mais à peine avaient-ils parcouru 1 kilomètre qu'une troupe nombreuse d'arabes en armes fondit sur eux.

Ils couraient le risque d'être massacrés sans la présence d'esprit d'un d'entre eux qui, sachant l'arabe, protesta à ces barbares furieux qu'ils étaient Anglais. — Par trois fois on lui mit le poignard sur la gorge, pour tâcher de l'effrayer et juger par son émotion si ce qu'il disait était vrai. Sa fermeté en imposa aux arabes, et, bien qu'ils ne fussent pas entièrement convaincus, elle jeta un doute en leur esprit qui contribua, en partie, à sauver les équipages.

Sous le prétexte de les conduire à Alger par un chemin plus court, ils leur firent prendre la route des montagnes. Après un quart d'heure de marche, arrivés à un village (douar) composé d'un petit nombre de cases, ils commencèrent par les piller, et les dépouillèrent même d'une partie de leurs vêtements.

Nous ne les suivrons pas dans cette longue et douloureuse marche à travers un pays inculte et sauvage, sans cesse en butte aux outrages et à la fureur d'une population féroce et implacable. Ils furent enfin conduits le cinquième jour à la rivière Bouberack et remis entre les mains des officiers du Dey. Là, ils apprirent qu'une partie de leurs compagnons (les équipages avaient été divisés en deux groupes) avait été massacrée par les Kabyles et que 20 têtes avaient été portées à Alger.

Ils passèrent la nuit du 20 mai au Cap Matifou, le lendemain ils entrèrent à Alger, escortés de soldats turcs et suivis d'une populace nombreuse. Ils furent conduits devant le palais du Dey à la Casbah, où le spectacle le plus effrayant et le plus douloureux les attendait : les têtes de leurs camarades y étaient exposées aux regards d'une foule stupide et féroce!... Enfin, après quelques minutes de cet affreux supplice, on les conduisit au bagne.

MM. les Consuls d'Angleterre et de Sardaigne demandèrent immédiatement audience du Dey pour obtenir d'avoir les officiers chez eux, mais MM. d'Assigny et Bruat avec cette grandeur d'âme que peuvent seuls inspirer le dévouement et une résolution inébranlable dans l'adversité, les prièrent de n'en rien faire. « Notre intention, dirent-ils, étant de rester toujours avec nos hommes, et de partager en tout leur mauvaise fortune. »

DEUXIÈME PARTIE

RECUEIL CHRONOLOGIQUE

DES

Évènements maritimes

EN ALGERIE

Depuis 1830 jusqu'à nos jours

DEUXIÈME PARTIE

Débarquement de l'armée (14 juin 1830). — Attaque des batteries de l'îlot de la marine par l'escadre (3 juillet 1830). — Reddition d'Alger (5 juillet 1830).

A aucune époque la marine ne montra plus de dévouement et d'activité, que pour cette mémorable expédition. En moins de trois mois, plus de 100 navires de guerre étaient armés et réunis à Toulon, savoir :

11 Vaisseaux ;

24 Frégates ;

14 Corvettes ;

26 Bricks :

9 Canonnières ;

9 Gabares ;

7 Bateaux à vapeur.

De plus, environ 400 bâtiments du commerce, affretés pour le transport des vivres et du matériel, accompagnaient l'expédition.

Le commandement de la flotte fut confié à M.

le vice-Amiral baron Duperré, dont on appréciait à leur juste valeur, la bravoure et l'expérience.

A son arrivée à bord de la *Provence* où il avait arboré son guidon de commandement, l'amiral Duperré adressa à l'armée navale l'ordre du jour ci-après :

« Toulon, Vaisseau la *Provence*, le 18 mai 1830.

« *Officiers, sous-officiers et marins !*

« Appelés avec vos frères d'armes de l'armée
« expéditionnaire à prendre part au chances d'une
« entreprise que l'honneur et l'humanité com-
« mandent, vous devez aussi en partager la gloire.
« C'est de nos efforts communs et de notre par-
« faite union que le Roi et la France attendent la
« réparation de l'insulte faite au pavillon français.
« Receuillons les souvenirs qu'en pareille cir-
« constance ont légués nos pères ; imitons-les,
« et le succès est assuré. Partons. Vive le Roi !

« *Signé :* Duperré. »

Dès le 19 mai, l'embarquement des troupes et du matériel était achevé et le 25 la flotte appareilla au milieu des acclamations enthousiastes de la population. L'escadre se dirigea ensuite sur la côte d'Alger ; le 30 au matin elle se trouvait

dans le Nord du Cap Caxine à cinq ou à six milles
au plus de la côte, mais l'horizon était chargé de
nuages, la force du vent augmentait graduelle-
ment. Tout annonçait enfin du mauvais temps.
Pendant trois jours la flotte eut à se maintenir
contre des forts vents d'E.-S.-E. sans pouvoir
gagner la côte d'Algérie. En présence de ce
contre-temps fâcheux qui pouvait avoir pour
l'expédition des conséquences désastreuses, l'amiral Duperré fit virer de bord et l'escadre vint
relâcher à Palma (île Mayorque) :

« J'ai trouvé, dit l'amiral Duperré, dans son
« premier rapport au Ministre de la marine, les
« éléments contraires ; je n'ai pu leur opposer
« que des efforts humains. J'ai puisé dans mon
« zèle et mon dévouement au service du Roi ceux
« qui m'ont aidé à prévenir des malheurs. mais
« qui n'ont pu mettre à l'abri d'un retard dans
« l'exécution de l'opération projetée. »

La flotte séjourna à Palma du 2 au 9 juin et le
13 au matin, elle se présentait devant la ville
d'Alger. Le soir du même jour à 7 heures elle
occupait la baie de Torre-Chica (la petite Tour)
après avoir défilé le long des forts de la ville.
La journée était trop avancée pour le débarquement ; les dispositions furent prises pour l'opé-
rer le lendemain à la pointe du jour. La corvette

la *Bayonnaise*, capitaine Ferrin, le brick l'*Actéon*, capitaine Hamelin et le brick la *Badine*, capitaine Guindet qui n'avaient pas de troupes à débarquer prirent poste dans la baie située à l'Est de Torre-Chica pour prendre en flanc les batteries de l'ennemi et les canonner par dessus la presqu'île.

Les bateaux à vapeur le *Nageur* et le *Sphynx*, capitaines Louvrier et Sarlat, reçurent l'ordre de couvrir de leurs feux le débarquement dans l'Ouest. Le 14, à 4 heures du matin, le débarquement commença, et vers midi l'armée entière (37.500 hommes et 3.900 chevaux) était complétement débarquée [1].

Le 15 juillet suivant, après les victoires signalées de Sidi-Ferruch, Staoueli et la prise du Fort l'Empereur, le drapeau de la France flottait en vainqueur sur les murs d'Alger, la *guerrière* et la *bien gardée !*

---

[1] Il est un fait resté un peu ignoré et dont nous saisissons avec empressement l'occasion de citer ici ; nous voulons parler du trait d'intrépidité accompli par deux marins de l'expédition, les sieurs Sion et Beunou, matelots gabiers, qui sautant à terre les premiers s'élancèrent dans l'un des forts de Sidi-Ferruch et y arborèrent le pavillon du Roi.

Première occupation d'Oran (24 juillet 1830).

Première occupation de Bône (2 août 1830).

Evacuation d'Oran et de Bône 6 et 18 août.

Deuxième occupation d'Oran.

Deuxième occupation de Bône en septembre 1831 ; —
Second abandon en octobre.

Les habitants de Bône assiégés par les troupes
de Hadj Ahmed, bey de Constantine, avaient de-
mandé au Général commandant le corps d'occupation d'Alger, des officiers avec une centaine de
zouaves et quelques munitions de guerre.

Des secours en vivres furent dirigés d'abord
sur cette ville qui souffrait de la famine causée
par le blocus. Le chef de bataillon Huder y fut
envoyé avec 125 zouaves dont à peu près la moitié d'indigènes. Il devait être suivi d'une troupe
beaucoup plus considérable. Accueilli d'abord
comme un libérateur, il occupa la Casbah, ancien
et grand château situé sur une hauteur qui domine
la ville, mais il commit l'imprudence d'en laisser
les portes ouvertes.

Tout se passa fort tranquillement pendant une
douzaine de jours ; les gens de la campagne ap-
portaient plus de provisions que de coutume ; l'a-
bondance régnait dans le marché. Tous les ef-

forts semblaient donc tourner contre l'ennemi commun. Quand, tout-à-coup, le 26 septembre, Ibrahim, ancien bey de Constantine, qui se trouvait à Bône et qui n'avait pas excité la méfiance de M. Huder, parvint à s'introduire dans le château et à s'en rendre maître pendant l'absence de l'officier qui y commandait. Trahi en même temps par une partie des habitants de la ville, le commandant Huder appelle sa troupe aux armes ; il avait malheureusement négligé de la tenir réunie et d'occuper les points défensifs qui auraient assuré sa communication avec le brick l'*Adonis* et la corvette la *Créole* qui se trouvaient ancrés à faible distance du port.

MM. Huguet et de Péronne, capitaines de frégate commandant ces deux bâtiments se trouvaient à terre, lorsque le 29 septembre, M. Huder se décida à évacuer la place.

Ils se rendirent à bord de leurs bâtiments d'où ils envoyèrent à terre les compagnies de débarquement : L'*Adonis* et la *Créole* vinrent s'embosser à 300 mètres de la ville et se préparèrent au combat.

A peine MM. Huguet et de Péronne étaient-ils arrivés à leurs bords que 3 coups de canon partis de la citadelle annoncèrent le commencement de l'attaque. Peu après on aperçut fuyant de la

porte dite de la Casbah 2 zouaves suivis de beaucoup de monde, tandis que d'autres accouraient
du dehors vers la ville. La fusillade se fit ensuite
entendre du côté du port et il ne resta plus de
doute que tous les postes ne fussent attaqués ; il
était alors 9 heures et demie du matin.

L'*Adonis* et la *Créole* commencèrent à tirer
sur la ville, dont les batteries ripostèrent immédiatement ; dans une heure le feu de ces deux navires avait fait taire les batteries de la ville, mais
la Casbah, que son élévation garantissait, continua à tirer sans relâche.

A 11 heures et demie un officier arriva à bord
de l'*Adonis*. amenant des marins blessés ; il demanda un renfort d'hommes pour les embarcations ; il rapporta que la fusillade s'était bien ra-
lentie en ville et qu'on ne voyait personne sur le
quai. D'autres hommes furent aussitôt envoyés
aux chaloupes, et M. Huguet supposant l'affaire
à peu près terminée, ordonna de cesser le feu en
arborant le pavillon parlementaire. Il envoya alors
son dernier canot, avec ordre de dire aux embarcations que, si quelques-uns des français sortaient de la ville on les recueillit sans tirer.

Vers midi la Casbah avait aussi cessé son feu ;
les hommes de la troupe et M. Huder sortaient
en foule de la ville et se jetaient à l'eau

Alors, avec un courage à toute épreuve, les marins se précipitèrent vers ces malheureux et les sauvèrent sans brûler une cartouche, sous le feu des ennemis qui, du haut des remparts, faisaient tomber sur eux une grêle de balles.

Le commandant Huder parvint à gagner un des bateaux qui se trouvaient sur la plage ; mais au moment où il allait y être recueilli par une des embarcations de l'*Adonis*, il reçut un coup de tromblon qui lui ôta la vie.

À midi et demi, les embarcations retournèrent à bord des bâtiments avec tous les hommes qu'elles avaient sauvés et les corps de ceux qu'elles n'avaient pu arracher à la mort.

Le nombre des marins tués ou blessés dans cette affaire s'élève à 17.

Troisième occupation de Bône. — Les capitaines Yusuf et d'Armandy à la tête de trente marins de la *Béarnaise* s'emparent de la citadelle (27 mars 1832).

Le 27 mars 1832, au lever du soleil, en présence de 2,400 Arabes dont ils avaient trompé la vigilance, 30 marins de la goëlette la *Béarnaise* commandée par M. Fréard, lieutenant de vaisseau, descendirent à terre sous les ordres de MM. du Couëdic, lieutenant de frégate, et de Cornulier-

Lemercier, élève de 1re classe, et se dirigèrent en
silence et par des chemins détournés vers la Casbah de Bône, ayant à leur tête le capitaine de chas-
seurs algériens, Yusuf[1] et le capitaine d'artillerie,
d'Armandy. Du haut des mâts de la *Béarnaise*
les vigies aperçurent des groupes de cava-
liers arabes dispersés du côté de la baie des Ca-
roubiers, qui, ayant vu le détachement, coururent pour lui couper le chemin ; mais nos braves
marins eurent le temps d'arriver auprès des murailles de la Casbah dans laquelle ils montèrent
l'un après l'autre, au moyen d'une corde. De la goëlette on pouvait suivre à la longue-vue tous leurs
mouvements et ceux des Arabes. Le capitaine Yusuf monta le premier.

Aussitôt entrés, nos marins occupèrent les principaux postes et forcèrent à la soumission la garnison musulmane et l'obligèrent à reconnaître et

---

[1] **Dans** une conférence récente à l'Académie militaire d'Alger (janvier 1876) sur le fait d'armes ci-
dessus M. l'interprète principal Féraud a saisi l'occasion de donner quelques détails biographiques très-
curieux et entièrement inédits sur cet officier mort
général de division et dont le nom figure avec éclat à
chaque page de l'histoire algérienne. L'origine tant
controversée de Yusuf est maintenant établie : Yusuf
est né an village de Capolivri, dans l'île d'Elbe ; son
père, bon propriétaire du pays, se nommait Fignorini
et sa mère Zia-Ziza. Il avait un frère capitaine marin
qui naviguait encore il y a peu d'années.

à défendre avec eux le drapeau français qui fut
planté sur les murailles de la citadelle et appuyé
d'un coup de canon.

Cette brillante opération, qui a rendu à la France la possession d'une citadelle et d'une ville, et
qui présentait de si grands dangers et tant de difficultés, s'est faite sans avoir à regretter la perte
d'un seul homme [1].

Troisième occupation d'Oran (1832)

Etablissement des Français à Mostaganem (juillet 1833); — Secours prêté au général Desmichels par la frégate la *Victoire*, commandant Parseval, pour empêcher la ville de Mostaganem de tomber au pouvoir des Arabes.

Le général Desmichels commandant à Oran,
ayant été informé que la ville de Mostaganem
était menacée par les Arabes, et craignant de voir
cette place tomber au pouvoir de ces derniers par
la défection des troupes turques chargées de la
garder, communiqua ses craintes au capitaine de
frégate Parseval, commandant la frégate la *Victoire* en mission devant Oran. Cet officier supé-

---

[1] Le maréchal Soult, citant ce trait inouï d'audace, disait à la Chambre des députés . « C'est le plus beau fait d'armes de notre siècle. »

rieur crut de son devoir, malgré l'absence de toute instruction à cet égard de se mettre à la disposition du général, et dès ce moment, tous les moyens de la frégate furent employés à l'embarquement de 1,360 hommes et du matériel nécessaire à cette expédition ; le reste fut mis à bord de cinq bâtiments marchands affrêtés à cet effet, et le **26** juillet, à 6 heures du matin, les 6 bâtiments étaient sous voiles.

Le 27, à 5 heures du matin, la *Victoire*, mouillait à l'embouchure d'une rivière formant en cet endroit un marais nommé la Macta, situé à 4 lieues environ d'Arzew en s'embossant à moins d'une portée de fusil de terre. Les cinq autres bâtiments furent postés de manière à ne pas gêner le feu de son artillerie, en cas de résistance de la part des Arabes ; mais ceux-ci ne vinrent qu'en très-petit nombre et hors de portée.

Le débarquement des troupes achevé, le général Desmichels se mit aussitôt en route. Au point du jour la petite flottille mit sous voiles en longeant la côte à portée de canon, de telle manière qu'au moment où les troupes entraient dans la ville de Mazagran, la *Victoire* était sous les murs prête à faire feu, en cas de résistance. Elle y resta pendant les pourparlers du général avec le caïd Ibrahim et fit route pour Mostaganem où elle arriva le 28 juillet, en même temps que le général Desmichels en prenait possession.

Pendant que la majeure partie de l'équipage de la frégate se livrait aux pénibles travaux du débarquement du matériel, le petit nombre resté à bord ne se rendaient pas moins utile, en manœuvrant le bâtiment sur des embossures et dirigeant un feu bien nourri sur les Bédouins qui commençaient à se réunir : toutes les tentatives faites par ces derniers pour s'emparer de la plage ou cerner la ville du côté de la mer restèrent sans succès ; ils furent jetés chaque fois sur le revers des montagnes, c'est-à-dire dans l'est de Mostaganem, ce qui permit à de fortes corvées envoyées par le Général d'enlever le matériel à mesure que les marins le mettaient à terre.

Dès lors, la ville était au pouvoir des Français et la présence de la frégate la *Victoire* n'étant plus rigoureusement nécessaire, le commandant Parseval donna l'ordre d'appareiller et partit content d'avoir vu justifier par le succès la confiance que le général Desmichels lui avait témoignée pour la conduite de cette entreprise, et du puissant concours de la Marine dans la prise d'une ville regardée comme fort importante pour la province.

Expédition de Bougie. — Prise et occupation du Port (29 septembre 1833).

Affaire de la Macta.

Transport de l'armée d'Arzew à Oran après la déroute sur des bâtiments de l'Etat et du commerce, sous la direction de M. Bonnard, lieutenant de vaisseau, directeur du port de Mers-el-Kebir.

Tempête et naufrages à Bône les 24 et 25 janvier 1835.

Un effroyable ouragan a éclaté à **Bône** le 24 janvier 1835. A 6 heures et demie du matin on vit avec effroi huit bâtiments du commerce se jeter à la côte ; trois furent entièrement brisés et bientôt il n'en resta plus le moindre vestige ; les autres éprouvèrent des avaries graves : deux capitaines marins et 10 matelots avaient péri dans les flots.

Le brick de l'État le *Rusé* poussé sur des récifs y courut longtemps les plus grands dangers. Pendant 9 heures, l'Etat-Major et l'équipage luttèrent avec un courage admirable contre la fureur des flots et parvinrent après des efforts inouïs à échouer le brick sur un banc de sable à l'embouchure de la Seybouse d'où l'on put bientôt le renflouer.

Tempête du 11 février 1835; — Perte du bâtiment à
vapeur de l'Etat l'*Eclaireur* et de plusieurs bâti-
timents du commerce dans le port d'Alger.

Les sinistres de Bône semblaient être le prélude
de ceux qui devaient désoler Alger.

Dans la nuit qui précéda la journée du 11, le
temps étaient mauvais, mais rien n'annonçait
encore la tempête qui menaçait, tempête telle
que les Indigènes eux-mêmes ne se rappelaient
pas d'en avoir vu une aussi épouvantable.

Au point du jour, les vents de N.-O, qui passèrent au N. soufflèrent avec une force extrême,
et la mer devint bientôt furieuse ; le ciel se chargea
de nuages, des grains se succédèrent rapidement
et avec une extrême violence ; les vagues venaient
se briser avec fracas sur le môle, qu'elles semblaient vouloir arracher à ses fondements ; les
flots jaillissaient par dessus les édifices du quai et
sur les batteries C'était un navrant spectacle.
Si les vents avaient malheureusement passé au N-E.,
la mer eut été si horrible qu'elle fut entrée avec
une impétuosité irrésistible dans la darse : il
n'eut pas été possible alors de conserver un seul
bâtiment, et tous auraient indubitablement péri
corps et biens.

Les deux chaines de l'arrière de la corvette de

l'Etat la *Marne* s'étant rompues l'une après l'autre, ce navire menaçait de se briser sur le quai ; mais les marins de la Direction et ceux de l'équipage de ce navire purent enfin l'amarrer solidement et préserver ainsi dix ou douze navires du contact de ce formidable voisin qui les aurait tous écrasés dans son choc, y compris le brick stationnaire le *Cygne.*

L'intensité de la tempête ne diminuait point ; l'on envoya des amarres de toute espèce aux navires dont la sûreté était compromise.

Une petite goëlette toscane traînait ses amarres vers le quai, et déjà elle était près de venir s'y briser lorsqu'un câble heureusement envoyé, la sauva et lui permit de reprendre sa position.

Les navires sardes la *Sainte-Anne*, l'*Abeille*, et l'*Hermione* furent jetés à la côte dans le port même, le premier à l'angle du magasin des Douanes où il fut brisé, et les autres dans l'angle intérieur de la santé. Le brick l'*Hermione* coula et l'*Abeille* ne tarda pas à être brisée.

A peu près dans le même instant, le brick sarde le *Franklin*, mouillé en grande rade, ne pouvant plus tenir sur ses amarres, hissa son foc et se jeta à la côte, à Mustapha. L'équipage de ce navire fut assez heureux pour se sauver.

Dans la matinée, la chaloupe du navire russe

la *Vénus* chavira par la violence des vagues et, des douze hommes qui la montaient, trois seulement ont pu être sauvés.

Vers deux heures, le *Robuste*, navire belge, amarré près de l'établissement de la Santé, cassa ses câbles, vint tomber sur le stationnaire et s'engagea dans son beaupré. Après de nombreuses avaries de part et d'autre, l'équipage du *Robuste* voyant que ce navire allait faire côte, prit le parti de l'abandonner et de passer à bord du *Cygne*, qui s'empressa de le recevoir avec la plus grande cordialité. Enfin, ce bâtiment, dans le plus grand état de détresse, s'éloigna du *Cygne* pour aller se briser à la côte.

Bientôt le *San Salvador*, navire napolitain, le navire russe la *Vénus*, vinrent tomber sur les rochers du môle.

Dans le même moment le brick français le *Désiré* coulait sur ses amarres devant la santé, et l'*Hirondelle*, bombarde française, faisait côte devant la porte de la pêcherie.

Peu après, le beau trois mâts grec, le *Transybule*, qui faisait son premier voyage, abandonné par son équipage, rompit ses câbles et menaçait le stationnaire de nouveau dangers. Heureusement ce bâtiment évita l'abordage par une habile manœuvre, et le *Transybule* alla se perdre près du fort Bab-Azoun.

Le bateau à vapeur de l'Etat l'*Eclaireur*, venant d'Oran, était. dans la nuit du 10 au 11, arrivé en rade où il s'était maintenu par d'habiles manœuvres.

L'Etat major et l'équipage, sur pied pendant deux jours et deux nuits, ne cessèrent de montrer, au milieu des dangers sans cesse renaissants, une admirable constance et une rare intrépiaité. Le 12, à la pointe du jour, on apercevait ce navire qui, ne tenant plus sur ses chaînes et menacé d'aller à la côte, avait pris le large, malheureusement le port était encombré de navires et croisé dans tous les sens par un grand nombre d'amarres ; aussi l'*Eclaireur* ne put-il pas manœuvrer avec toute la facilité désirable. Il vint toucher au lieu même où la veille s'était perdue la *Sainte-Anne*, dont quelques vestiges surnageaient encore sur les eaux. L'on envoya à bord le seul grelin qui restât à la Direction du port et l'on essaya de dégager et de mettre à flot ce navire. Tous les efforts furent vains et il ne tarda pas à couler complétement.

A 11 heures l'*Immaculée-Conception*, brick napolitain coula en dehors de la darse. Quelques heures après le chebeck le *Népomucène* et la felouque les *Trois-Maries* épouvèrent le même sort.

Pendant la tempête on voyait des marchandises, des étoffes précieuses, des effets de toute espèce, des mâts, des planches, des agrès pêle-mêle sur le rivage ou flotter au gré des vagues ; dès que l'ouragan eut cessé, les soins du sauvetage furent dirigés par M. Martin, commissaire ordonnateur de la Marine, qui n'a cessé de s'en occuper avec une activité et une intelligence dignes des plus grands éloges.

Pendant ces journées désastreuses 24 navires furent brisés ou éprouvèrent des avaries graves et 14 personnes périrent dans les flots !

Le souvenir de ce funeste événement en est consacré par un petit monument pyramidal flanqné de quatre canons, élevé sur le môle de la santé à la mémoire du capitaine d'artillerie de Livois, mort victime de son dévouement en portant une amarre au trois mâts russe la *Vénus* [1].

Consolidation du môle des Turcs par des blocs artificiels de grande dimension.

[1] Le Musée d'Alger possède un beau tableau de Morel-Fatio, représentant le principal épisode de la tempête de 1835.

Occupation de l'île de Rachgoun, dans l'ouest, vis à vis l'embouchure de la Tafna.

M. Bravais, lieutenant de frégate, à la tête de l'équipage du Loiret, descendus à terre dans le but de ramasser des boulets qui avaient servi à l'exercice à feu, fait face dans toutes les directions et repousse une foule de Bédoins armés qui étaient venus l'attaquer (12 août 1836).

Etablissement du camp de la Tafna; — Travaux de transport exécutés par la marine (septembre et ocbre 1836); — Remercîments du ministre de la guerre à ce sujet.

« J'apprends avec une vive satisfaction les
« louables efforts qu'ont fait MM. les officiers de
« la marine dans la circonstance critique où se
« sont trouvées nos troupes. A la Tafna, comme
« à Bougie et en d'autres lieux la marine a prêté
« son appui avec un dévouement remarquable ;
« on ne pouvait, au reste, espérer moins d'un
« corps aussi illustre et animé de tous temps de
« sentiments aussi patriotiques. — Je vous prie,
« Monsieur l'Amiral et cher collègue, de remer-
« cier la marine de ce nouvel acte de son dé-
« vouement. »

Le Ministre de la guerre,
Signé : Duc de Dalmatie.

Occupation du port de la Calle (1836).

Première expédition de Constantine (novembre 1836).

Traité de la Tafna (30 mai); évacuation du camp; expédition de Dellys.

Deuxième expédition de Constantine (octobre 1837).

La marine peut, à bon droit, se glorifier d'avoir, soit directement, soit indirectement, contribué à la prise de Constantine par un grand nombre de services, comme par le zèle, l'activité et le dévouement consciencieux qu'elle y a apportés. L'on sait que ses bâtiments se sont exposés plus d'une fois à une perte certaine, afin de remplir des missions qui toutes étaient dans l'intérêt de cette expédition mémorable.

76 navires de tous rangs furent armés et effectuèrent 434 voyages.

Ces bâtiments ont transporté de Toulon, en Algérie 14,605 hommes et 6,000 tonneaux d'encombrement, sans compter ce qui a été pris en personnel et en matériel dans les autres ports du 5ᵉ arrondissement maritime.

Enfin 12,892 hommes et 2,875 tonnes d'encombrement ont été transportés d'un point de l'Algérie sur un autre pendant les seuls mois de juillet, d'août et de septembre.

Non seulement c'est au concours empressé

qu'elle a offert à l'armée de terre, dans l'envoi des troupes et du matériel, qu'à été due, en principe, la possibilité d'entreprendre et de conduire l'expédition, mais encore c'est à l'apparition de ses escadres sur les côtes de Tunis, où elle a déjoué une conspiration qui pouvait faire échouer nos tentatives ; c'est à ses démonstrations envers l'escadre turque, c'est à une infinité de renseignements, d'aides, de précautions et de soins qu'a pris ou donné la marine, que l'armée doit d'avoir mené ses entreprises à bonne fin ; car, non contente d'aider matériellement le département de la guerre, la marine s'est empressée de porter à la connaissance du gouvernement tous les renseignements qui, dans cette circonstance, pouvaient être de quelque utilité à l'armée.

C'est ainsi que des bâtiments (la *Diligente*, l'*Expéditive* et le *Méléagre*), sentinelles vigilantes entretenues successivement et spécialement sur les côtes d'Italie, donnaient régulièrement des avis sur les expéditions de poudre ou de munitions de guerre qui avaient lieu pour les côtes d'Afrique, et faisaient tout pour empêcher ce commerce, auquel s'opposaient aussi, sur les côtes de Barbarie, des croiseurs établis à dessein. Quelque dangers que courussent ces derniers, ils bravaient les tempêtes pour suivre activement la surveil-

lance pénible dont ils étaient chargés, et, s'ils ne
sont pas parvenus à de nombreuses captures, du
moins leur présence et leurs recherches actives
ont-elles contribué grandement à rendre très-
difficiles ces expéditions et à les diminuer.

C'est ainsi que des officiers (M. Dispan, lieutenant de vaisseau entre autres) s'étant livrés, en
dehors de leur service, à l'examen du cours de
la Seybouse et de la hauteur de ses eaux, ont,
dans la vue d'ouvrir des idées utiles à l'armée,
fait connaître ce qu'on pouvait attendre de la
navigation sur ce fleuve.

C'est ainsi que les commandants des bâtiments
chefs de station donnaient tous les avis qui pouvaient être de quelque intérêt pour l'expédition.
Le capitaine de la *Malouine* entre autres (M. Pe-
naud, lieutenant de vaisseau), annonça, venant
de Tripoli, que la peste et le choléra existaient
dans cette régence ; que des exportations d'effets
de pestiférés morts étaient transportés dans les
provinces voisines ; que celles du sud étaient at-
teintes de ce fléau, et qu'on devait se mettre en
garde contre sa propagation en Algérie.

C'est ainsi que le capitaine du *Fulton*, (M.
Alliez), pensant que des renseignements recueillis
sur divers points peu connus de l'Algérie pouvaient être de quelque utilité au moment de l'ex-

pédition, s'empressa de faire un rapport sur un voyage d'exploration auquel il s'était livré dans le golfe de Stora.

C'est encore ainsi que M. Dubourdieu, capitaine de corvette, commandant le *Cygne*, envoyé à Tunis pour connaître l'impression produite par la nouvelle d'une prochaine expédition contre Constantine, a mis, malgré les maladies pestilentielles qui régnaient dans ces parages, le zèle le plus actif et le plus intelligent à recueillir et à transmettre, même jusqu'aux derniers moments, tous les renseignements qui pouvaient être de quelque intérêt pour l'accomplissement de nos projets.

La Marine, en un mot, a de tous ses efforts contribué à la prise de Constantine, et, si moins heureuse que l'armée de terre elle n'a pas pu participer aux dangers du siége, elle a du moins justifié par ses soins, ses efforts et surtout par le dévouement sans bornes qu'elle a apporté dans toutes les opérations dont elle s'est chargée pour seconder l'armée, tout ce que la France pouvait attendre d'elle pour le succès de ses armes.

Création de Philippeville. — Occupation du port de Philippeville.

Commencement des travaux de la jetée du nord du port d'Alger d'après le projet de M. l'ingénieur Poirel.

Occupation du port de Djidjelli (mai 1839).

Expédition à Cherchell et occupation de ce port (mars 1840).

Tempête à Alger les 21 et 22 janvier 1841.

Depuis l'ouragan mémorable du mois de février 1835, jamais on n'avait vu de tourmente pareille à Alger, ni la mer soulevée avec tant de furie.

Sans le prolongement du môle qui a victorieusement résisté à ce terrible assaut, et par dessus lequel les vagues s'élançaient jusque dans la darse ; sans les secours de toute espèce intrépidement portés partout où besoin était, par les Officiers, Officiers-mariniers et marins de la rade et de la Direction du port, les catastrophes de 1835 se fussent renouvelées. — Plus de 20 bâtiments de diverses nations ont été préservés par les soins de la marine d'une perte certaine ou de graves avaries. — Trois navires seulement sont allés à la côte, une balancelle maure a sombré sur ses amarres. — Ces sinistres sont regrettables, mais en pensant que personne n'a péri dans ce mouvement continuel de 48 heures, il est permis de se féliciter d'avoir échappé sans autre malheur aux chances menaçantes de ces deux terribles journées,

Il nous serait impossible, tant notre cadre est restreint, d'énumérer ici les nombreux actes de dévouement accomplis par nos marins dans ce bouleversement. Un seul fait entre tous suffira pour attester l'intrépidité et l'abnégation avec les-lesquelles Officiers et marins ont fait leur devoir.

Le brick français le *Tibre* qui se trouvait en rade, arraché de son mouillage par la rupture de ses amarres fut chassé à la dérive. M. le capitaine de corvette de Sandfort lui envoie aussitôt une ancre et charge de cette mission M. le lieutenant de vaisseau Abramé que suit le maître de la Direction du Port, Martinenq : deux embarcations de l'*Euryale*, une du *Castor*, partent rapidement. L'ancre est mouillée, le bout du grelin donné à bord ; un instant après ce dernier casse. Le *Tibre* n'a plus de salut à espérer et il est déjà dans les brisants du fort Bab-Azoun, quand M. Abramé parvient a en enlever l'équipage qui eut infailliblement péri. C'est au risque de leur vie que nos marins ont exécuté cette audacieuse manœuvre ; la lutte qn'ils devaient soutenir au retour contre une mer horrible n'était pas moins redoutable, les marins encouragés par l'exemple d'un Officier et du maître de manœuvre Martinenq redoublent d'efforts et parviennent à regagner la darse ramenant sain et sauf l'équipage du *Tibre*.

Ils y étaient à peine que les autres navires de la
rade mettent leur pavillon en berne : M. Abramée
y court avec ses trois chaloupes et en ramène les
équipages. Le canot que montait cet officier faillit être écrasé sous la voute du brick anglais le
Mars au moment où il en embarquait les hommes.

Tempête de Stora. — Perte de la corvette la *Marne*, le 25 janvier 1841.

L'ouragan du 25 janvier a plongé dans la consternation et le deuil la population de Philippeville
et de Stora. La corvette de l'Etat, la *Marne*,
27 navires marchands sur lesquels 12 de nationalité française dont neuf grands bateaux de transport, ont ou sombré sur leurs amarres, ou
été brisés en éclats contre les rochers du port ;
53 hommes de la corvette, dont 5 officiers, 7 marins étrangers, 12 passagers, en tout 79 personnes,
ont trouvé la mort au milieu de ce déchaînement
des éléments ! — Un phénomène peu commun
dans ces parages, un violent raz de marée, a principalement déterminé et hâté les catastrophes.
La mer s'est élevée en quelques endroits à une
hauteur prodigieuse ; ses embruns recouvraient
en entier la cime du cap de Garde, à l'ouest de
Bône, dont l'élévation est de 135 mètres. On a
ressenti à Alger, le 25, les désastreux effets de

cette crue subite ; le ressac s'y fit sentir avec force et un capitaine de commerce a été tué ce jour-là, au môle même, par un bloc de béton qu'une lame furieuse a renversé sur lui. — Des deux matelots qui l'accompagnaient l'un a été grièvement blessé et l'autre ne s'est sauvé que par miracle.

La corvette la *Marne*, commandée par M. Gatier, capitaine de corvette, était sur rade de Stora depuis le 15 janvier. — Le 25, vers une heure de l'après-midi, malgré toutes les précautions qu'il fut possible de prendre, la corvette se trouvant en danger, M. Gatier fit tirer un coup de canon et hisser son pavillon en berne. A ce signal la plus grande partie de la population et de la garnison de Philippeville se rendit sur le point où les secours étaient nécessaires ; plusieurs ont été victimes de leur dévouement.

A 3 heures un quart la *Marne* était complètement échouée et couverte entièrement par les lames qui la poussaient de plus en plus à la côte. Elle avait mis de nombreux bouts de cordes à la mer dans l'espoir qu'ils iraient à terre, et que les hommes qui venaient porter secours pourraient, en les raidissant, aider au sauvetage de l'équipage; mais cet espoir fut déçu ; le ressac les entrainait toutes au large. Le gui de la corvette, qui avait été jeté à la mer avec intention, vint enfin à terre, on put, non sans peine, le hâler assez haut et s'emparer du bout de corde qui était dessus et amarré à bord sur les couronnements. C'est sur cette corde tendue raide par les assistants que le débarquement de l'équipage de la barne commença, mais avec beaucoup de lenteur. Plusieurs hommes transis de froid et n'ayant pas la force de gagner la terre au moyen de ce secours, se sont laissés tomber à la mer et y périrent.

Tout l'équipage de la corvette et le commandant se trouvaient sur le gaillard d'arrière, suspendus sur les débris de la carcasse déjà fracassée. M. le commandant Gatier, voyant que le moyen de sauvetage employé n'était pas assez prompt, fit couper le mât d'artimon qui naturellement devait tomber perpendiculairement à l'axe du navire, puisque ce dernier était incliné du côté de la terre; mais, dans sa chute, il fut dérangé par une lame de sa direction naturelle; il longea la corvette et ne put conséquemment pas servir de pont.

La corvette se démembrant de plus en plus, le grand mât tomba dans une direction avantageuse. Tous les hommes que les lames n'avaient pas encore enlevés jusque-là, car elles en avaient déjà entraîné un grand nombre, se transportèrent sur le grand mât; M. Gatier, blessé, soutenu par deux hommes, marchait toujours le dernier, à la suite de son équipage.

Deux lames successives furent tellement fortes, qu'à leur retraite elles laissèrent deux fois de suite seulement la plage à sec au-dessous de l'extrémité du grand mât. — A la première embellie, une vingtaine d'hommes furent sauvés ; à la seconde un marin et le commandant ne descendirent pas précisément du grand mât, mais se laissèrent tomber, car ils étaient exténués de souffrance et de fatigue ; ils furent cependant sauvés de la lame qui les aurait inévitablement engloutis, par deux marins du commerce.

Là a cessé cette scène d'angoisses déchirantes pour tout le monde et de périls pour les naufragés.

Les cinq officiers de l'état-major de la *Marne* qui ont péri dans les flots sont :

MM. DAGORNE, lieutenant de vaisseau ;
KARCHE, enseigne de vaisseau ;
POINIÉ, chirurgien major ;
RUE, commis de marine ;
GANDET, aspirant.

(Juillet 1841). Félicitations de l'armée à la marine et particulièrement à MM. Fouque. capitaine du Vautour, Lautier, officier en second et Olivier, enseigne de vaisseau pour le zèle et le dévouement qu'ils ont déployés dans les opérations de transport de troupes et de matériel.

(*Septembre 1841*). *Secours donnés par la* Chimère, *commandant d'Herbinghem, à la garnison de Djidjelli menacée par les Arabes. Un détachement de marins de ce bâtiment, sous le commandement de M. le lieutenant de vaisseau Lévêque, placé à l'avant-garde de la colonne, fit pendant plusieurs heures le coup de feu avec les Arabes et contribua ainsi à l'heureuse issue du combat.*

Naufrages à Oran, les 24, 25 et 26 mars 1842, de 26 navires de commerce. — Le personnel de la direction du port est porté à l'ordre du jour pour son courageux dévouement en cette circonstance.

(*17 mai 1842*). *Le* Vautour, *capitaine Duveyrier, et le* Liamone, *capitaine Bonfils, prêtent leur concours dans une attaque dirigée contre les Arabes, dans la rivière de Soumah et parviennent à faire sauter par la mine, sous le feu de l'ennemi, une maison située sur la rive droite de cette rivière et qui servait de forteresse aux Kabyles.*

(*Juin 1842*). *Adoption, par les Chambres, du projet du port d'Alger présenté par M. l'ingénieur Bernard — Création de la commission mixte présidée par M. le contre-amiral commandant supérieur de la marine.*

Création d'une commission nautique pour les divers ports de l'Algérie. (M. d'Assigny, président) février et avril 1843.

Expédition par Cherchell en janvier 1843.

Occupation du port de Ténès (avril 1843).

Occupation de Dellys (mai 1844).

Occupation de Nemours (Djemma Gazouat) septembre 1844.

Explosion d'une poudrière dans l'îlot de la marine, le 8 mars 1845.

Le 8 mars 1845, à 10 heures 10 minutes du soir, de nombreuses détonations se sont rapidement succédé comme les éclats d'un long et violent coup de tonnerre. C'était l'explosion d'un magasin de l'artillerie rempli d'obus chargés, d'artifices et de paquets de mitrailles, et situé dans l'intérieur du fort attenant à la tour du phare [1], explosion qui a entraîné celle d'une petite poudrière voisine.

A cette terrible annonce d'un grand désastre, tout le monde est accouru ; on s'est empressé de porter secours aux malheureux ensevelis sous les décombres. Cent hommes environ, ouvriers et artilleurs manquaient à l'appel militaire, sans comprendre les personnes civiles logées dans l'enceinte du fort. Le lendemain matin, 60 cadavres ont été retrouvés ; 15 blessés ont été transportés à l'hôpital, la plupart affreusement mutilés.

La marine eut à regretter la perte de Madame Segretier, femme du capitaine de corvette directeur

---

[1] La tour du phare occupe l'emplacement de l'ancien penon des Espagnols.

du port ; 25 personnes réunies chez elle, au moment de l'explosion ont été providentiellement préservées d'une mort imminente : Un garde de nuit du port, ancien matelot, a également péri et 7 à 8 marins de la direction du port furent plus ou moins grièvement blessés.

Les logements, les magasins et les bureaux de la marine ont été entièrement démolis, et si l'hôtel de l'Amirauté est resté debout on ne le doit qu'à la solidité prodigieuse des voûtes qui le soutiennent. — La commotion a été si violente que des pierres énormes de véritables quartiers de roche ou de béton ont été lancés sur les quais et jusque sur les navires de l'Etat mouillés dans le port.

Dans ce grand désastre, tout ce qui pouvait humainement se faire pour sauver les victimes et prévenir de nouveaux malheurs a été accompli ; tout le monde a rivalisé de zèle et d'activité, les uns en imprimant une bonne direction aux travaux de sauvetage, les autres en les exécutant.

(Avril 1846) Séjour à Alger d'une escadre Russe ayant à bord le Prince Constantin.

Établissement des frégates à vapeur pour le service régulier entre Alger et Toulon.

Nouveau projet de port avec rade couverte présenté par la commission mixte pour Alger (31 décembre 1846)

(4 Juin 1847) Arrivée à Alger de l'escadre commandée par S. A. R. le Prince de Joinville.

(5 juin 1847). Ordre du jour adressé à la marine par le maréchal Bugeaud, duc d'Isly, à l'occasion de son départ d'Afrique.

« Au quartier général à Alger, le

« 5 juin 1847.

« Je ne veux pas m'éloigner de la terre d'A-
« frique sans témoigner ma vive reconnaissance
« à la Marine Royale, sans signaler de nouveau à
« l'armée et à la France la large part que les
« marins ont prise à l'accomplissement de la
« grande tâche qui nous était imposée. Si habi-
« tuellement ils n'ont pas pu combattre avec nous,
« ils ont rendu nos succès possibles en pourvo-
« yant à nos besoins de tout genre, et en multi-
« pliant nos forces par la rapidité avec laquelle
« ils les portaient d'un point à un autre. Cette
« mission de patience et de dévouement, ils l'ont
« remplie avec un zèle, avec une ardeur qui ordi-
« nairement ne sont soutenus que par les actions
« les plus éclatantes et la guerre. Une fois ce-
« pendant, appelée à prendre une part directe
« dans la lutte, la marine, y a joué le rôle que
« l'on devait attendre de sa vieille renommée ; et

» Tanger, Mogador, l'ont fait entrer en partage
« de gloire avec l'armée de terre.

« Si dans d'autres parages et d'autres époques,
« la marine a rendu des services plus brillants,
« jamais elle n'a rendu de plus constants, de
« plus difficiles, de plus dévoués, de plus utiles.
« On avait cru longtemps les côtes d'Afrique trop
« périlleuses pour être fréquentées en hiver, nos
« bâtiments à vapeur ont démontré le contraire
« par une longue pratique. Ils ne se sont pas ar-
« rêtés un seul instant. Partout où il y avait un
« besoin à satisfaire, ils accouraient sans consul-
« ter la saison, les vents ni l'état de la mer. Aussi
« les marins peuvent-ils se glorifier des sympa-
« thies générales de l'armée et des citoyens d'A-
« frique, comme ils peuvent être assurés de
« la haute estime du Gouverneur Général. »

           « *Le Gouverneur Général de l'Algérie.* »
                « Signé : Maréchal Duc D'Isly »

Expédition à Bougie sous les ordres du général Gentil. Transport de troupes et de matériel. (Avril 1848.)

Remise définitive à la Marine des locaux de l'îlot de l'Amirauté. (Août 1848).

Adoption définitive par le Chef du Pouvoir exécutif du projet de port à Alger avec rade couverte. (1er septembre 1848).

Expédition de Zaatcha. — Transport de troupes sur divers points de l'Algérie pendant le choléra. (Mai et juin 1849.)

Le 5 mai 1850, jour de l'arrivée de l'amiral Graeb à Alger, une effroyable catastrophe a plongé la ville d'Alger dans la consternation : l'explosion d'une mine a changé en quelques minutes un jour de fête en une journée de deuil !

On avait annoncé que ce jour, les entrepreneurs de travaux hydrauliques feraient partir à la carrière Bab-el-Oued, en signe de réjouissance pour célébrer l'anniversaire de la République, une mine chargée de 4,000 kilogrammes de poudre. Dès le matin, une foule nombreuse, près de 5,000 personnes, couronnait les hauteurs environnantes ; à 9 heures 1/2, une détonation formidable a éclaté dans l'intérieur de la mine, une épaisse fumée a couvert la carrière et une mitraille de quartiers de rochers a été lancée dans la direction de la ville, avec une force prodigieuse et à des distances incroyables. Nous n'essayerons pas de décrire l'affreux spectacle qui a suivi cette explosion : 8 morts, 21 blessés dont quelques uns dans une position désespérée, tel est le bilan de cette triste journée.

La marine eût à déplorer la perte du Sieur

Mège, maître charpentier et du Sieur Bérard, journalier aux subsistances.

(*Mars* 1851.) *Commencement de la construction de la jetée du sud du port d'Alger.*

Juin 1852). *Achèvement du musoir de la jetée du nord du port d'Alger. — Fondation du musoir sud.*

(19 *juillet* 1852). *Arrivée à Alger de la frégate à vapeur autrichienne* Volta *ayant à bord l'archiduc Frédéric-Maximilien.*

Création d'une école de mousses indigènes à bord du stationnaire l'*Allier*.

Les enfants qui étaient admis à cette école devaient y séjourner un certain temps; ils y recevaient les premières notions du métier de marin, apprenaient à lire, à écrire et à parler français, puis ils passaient sur les bâtiments de la station où l'on achevait de les façonner aux exigences du service de la Marine. On espérait que cette institution produirait d'excellents résultats; mais tous les efforts tentés dans ce but pendant une longue expérience de 16 années furent infructueux.

Cette école fut supprimée en mai 1871.

(22 et 23 août 1856). — Tremblement de terre à Djidjelli — La ville ruinée presque entièrement.

Dans la nuit du 22 au 23 août 1876, un horrible
tremblement de terre s'est fait sentir à Djidjelli ;
la première secousse qui fut précédée d'un bruit
assez semblable à celui du feu qui cherche à s'ouvrir un passage, eut lieu à 9 heures 30 minutes
du soir ; sa durée n'a été que de 4 à 5 secondes
mais elle a eu le plus déplorable effet : Une dizaine
de maisons se sont écroulées et un grand nombre
ont été fortement ébranlées.

Les habitants se précipitèrent hors la ville,
fuyant, pêle-mêle, demi-vêtus, fous de terreur,
ne voyant que la mort autour d'eux et se figu-
rant, sans doute, que la fin du monde était arrivée.

La marine a rempli en cette circonstance son
rôle ordinaire obscur et dévoué ; grâce à elle,
le lendemain même du tremblement de terre, les
habitants avaient une certaine quantité de vivres
et leur campement était assuré. — En un mot, la
petite colonie maritime de Djidjelli est restée
digne, en cette circonstance, de sa grande sœur
la Marine française.

A la deuxième secousse qui eut lieu le lendemain matin à 11 heures, les casernes, les portes

6

de la ville et la presque totalité des maisons qui étaient restées debout disparurent.

Quelques instants on chercha la ville perdue dans un nuage de poussière ; et quand ce vaste rideau, qui s'était élevé des ruines fut rendu aux ruines, on put voir le tableau dans toute son horreur !

15 personnes restèrent ensevelies sous les décombres.

Soumission définitive de la Kabylie (mai et juin 1857).

Création du fort l'Empereur ou fort National au centre de la Kabylie.

L'escadre anglaise sous les ordres de Sir Edmond Lyons, séjourne à Alger (septembre 1857).

(15 décembre 1866). Naufrage du bateau à vapeur le *Borysthène*, près d'Oran.

Le 15 décembre 1866, les côtes de l'Algérie ont été le théâtre d'un évènement tragique. — Par une nuit de mauvais temps, le paquebot à vapeur le *Borysthène*, ayant touché sur un récif près d'Oran, l'arrière du navire s'est englouti instantanément, entraînant 70 personnes dans l'abîme. Pendant deux jours 180 marins et pas-

sagers sont restés accrochés aux flancs du navire
balloté par la mer, ou entassés sans ressources
sur un rocher désert sans la proximité duquel
tout le monde eut péri.

A la première nouvelle de ce naufrage qui ne
lui parvint que le dimanche 17 au matin, M. le
Commissaire de l'inscription maritime d'Oran
requit immédiatement cinq balancelles espagnoles
et les envoya sur le lieu du sinistre. Elles y
arrivèrent à 11 heures et recueillirent ces malheureux naufragés épuisés par deux jours d'angoisses et de souffrances puis les ramenèrent à
Oran.

(9 *août 1868). Arrivée à Alger de la frégate russe*
Alexandre-Nowski *ayant à bord S. A. I. le Grand-Duc*
Alexis.

(21 *mars 1871) Expédition en Kabylie. — Transport de*
troupes et de matériel. — Concours de la marine à la
répression de l'insurrection sur les points menacés du
littoral. (Voir pages 96 et suivantes de la 3ᵉ partie).

Liste des Gouverneurs généraux Marine en Algérie

Gouverneurs généraux

1830. — (Juin)

DE BOURMONT,

Lieutenant-général, ensuite Maréchal de France
Commandant en chef

1830. — (12 août)

CLAUSEL,

Lieutenant-général, Commandant en chef

1831. — (31 janvier)

BERTHEZÈNE,

Lieutenant-général, Commandant en chef

1831. — (6 décembre)

SAVARY Duc DE ROVIGO,

Lieutenant-général
Commandant Supérieur en Algérie

1832. — (2 mars)

AVISARD,

Maréchal de Camp
Commandant Supérieur, par intérim

& Commandants supérieurs de la depuis la conquête

Commandants supérieurs de la Marine

—

1830

Baron DUPERRÉ,

Vice-Amiral, ensuite Amiral, Commandant la flotte

1830. — (8 octobre)

MASSIEU DE CLERVAL,

Capitaine de vaisseau,
Commandant la station navale d'Alger

1831. — (mai)

COSMAO–DUMAMOIR,

Capitaine de vaisseau, Commandant la station navale

1832. — (4 novembre)

GALLOIS,

Capitaine de vaisseau, Commandant la station navale

1834. — (juin)

LE BLANC,

Capitaine de vaisseau, Commandant la station navale

1833. — (2 mars)

VOIROL,

Lieutenant-général
Commandant et Inspecteur général des troupes,
Gouverneur par intérim

1834. — (13 août)

Comte DROUET D'ERLON,

Lieutenant-général
Gouverneur général des possessions françaises dans
le nord de l'Afrique

1835. — (8 juillet)

Comte CLAUSEL,

Maréchal de France
Gouverneur général des possessions françaises dans
le nord de l'Afrique

1837. — (13 janvier)

RAPATEL,

Lieutenant-général, Gouverneur général par intérim

1837. — (12 février)

Comte DENYS–DAMRÉMONT,

Lieutenant-général
Gouverneur général des possessions françaises dans
le nord de l'Afrique
(Tué au siége de Constantine)

1837. — (1er décembre)

Comte VALLÉE,

Maréchal de France, Gouverneur général de l'Algérie

1834. — (13 août)

Comte BOTHEREL DE LA BRETONNIÈRE,

Contre-Amiral, Commandant supérieur de la Marine
dans les possessions
françaises du nord de l'Afrique

1835. — (septembre)

CHIEUSSE,

Capitaine de corvette, Commandant supérieur
de la Marine en Algérie par intérim

1835. — (décembre)

MANOUVRIER-DEFRÈNE.

Contre-Amiral, Commandant supérieur de la Marine
dans les possessions
françaises du nord de l'Afrique

1838. — (juillet)

Baron DE BOUGAINVILLE,

Contre-Amiral, Commandant supérieur de la Marine

1841. — (26 avril)

LAINÉ,

Contre-Amiral, Commandant supérieur de la Marine

1841. — (16 décembre)

RIGODIT,

Contre-Amiral, Commandant supérieur de la Marine

1841. — (19 janvier,
SHRAMME,
Lieutenant-général, Gouverneur général par intérim

1841. — (22 février)
BUGEAUD,
Lieutenant-général, Gouverneur général

1844. — (16 novembre)
DE LA MORICIÈRE,
Lieutenant-général, Gouverneur général par intérim

1845. — (30 mars)
BUGEAUD Duc D'ISLY,
Maréchal de France, Gouverneur général

1845. — (1ᵉʳ septembre)
DE LA MORICIÈRE,
Lieutenant-général, Gouverneur général par intérim

1846. — (26 mai)
BUGEAUD Duc D'ISLY,
Maréchal de France, Gouverneur général

1847. — (11 septembre)
Le Duc D'AUMALE,
(Henry d'Orléans)
Gouverneur général

1842. — (10 septembre)

FAURÉ,

Contre Amiral, Commandant supérieur de la Marine
(Décédé à Alger le 13 septembre 1843)

1843. — (13 septembre)

D'ASSIGNY,

Capitaine de corvette, Commandant supérieur
par intérim

1843. — (5 novembre)

RIGODIT,

Contre-Amiral, Commandant supérieur de la Marine

1847. — (novembre)

Baron DUBOURDIEU, [1]

Capitaine de vaisseau, Commandant supérieur
de la Marine (Contre-Amiral en 1848)

1849 — (19 décembre)

DELASSAUX,

Contre-Amiral, Commandant supérieur de la Marine

1850. — (5 mai)

GRAEB,

Contre-Amiral, Commandant supérieur de la Marine

---

[1] Assista, en qualité d'enseigne de vaisseau, à la bataille de Navarin où il eut la jambe gauche emportée par un boulet.

1848. — (6 mars)

CAVAIGNAC,

Général de Division, Gouverneur général

1848. — (29 avril)

CHANGARNIER,

Général de Division, Gouverneur général

1848. — (23 juin)

MAREY-MONGE,

Général de Division, Gouverneur général

1850. — (5 mars)

PÉLISSIER,

Général de Brigade, Gouverneur général par intérim

1850. — (5 mai)

CHARON,

Général de Division, Gouverneur général

1850. — (4 novembre)

D'HAUTPOUL,

Général de Division, Gouverneur général

1851. — (30 décembre)

RANDON,

Général de Division, Gouverneur général

1850. — (28 juillet)

PALLU-DUPARC,

Capitaine de frégate, Commandant supérieur
de la Marine par intérim

1851. — (4 mars)

LEMARIÉ,

Contre-Amiral, Commandant supérieur de la Marine

1853. — (5 septembre)

LAROQUE DE CHANFRAY,

Contre-Amiral. Commandant supérieur de la Marine

1854. — (23 novembre)

Comte DE GOURDON,

Contre-Amiral, Commandant supérieur de la Marine

1855. — (29 juin)

Vicomte DE CHABANNES,

Contre-Amiral, Commandant supérieur de la Marine

1856. — (5 juillet)

LACAPELLE,

Capitaine de vaisseau, Commandant supérieur
de la Marine par intérim

1856. — (28 octobre)

Vicomte DE CHABANNES,

Contre-Amiral, Commandant supérieur de la Marine

1857. — (25 juin)

RENAULT,
Général de Division, Gouverneur général par intérim

1858. — (26 septembre)
MINISTÈRE DE L'ALGÉRIE
Prince JÉROME NAPOLÉON

1858. — (26 septembre)
DE MARTIMPREY,
Général de Division
Commandant supérieur des forces de terre et de mer

1860. — (10 décembre)
PÉLISSIER, Duc DE MALAKOFF,
Maréchal de France, Gouverneur général de l'Algérie
(Décédé à Alger le 1ᵉʳ juin 1864)

1864. — (1ᵉʳ juin)
DE MARTIMPREY,
Général de Division, Gouverneur général par intérim

1864. — (1ᵉʳ septembre)
MAC-MAHON, Duc DE MAGENTA,
Maréchal de France, Gouverneur général

1870. — (27 juillet)
Baron DURRIEU,
Général de Division
Gouverneur général de l'Algérie par intérim

1857. — (14 avril)

Baron DARRICAU,

Capitaine de vaisseau, Commandant supérieur
de la Marine

1857. — (20 septembre)

FOURICHON,

Contre-Amiral, Commandant supérieur de la Marine,
nommé au commandement en chef de la Division
navale de l'Océan le 29 juin 1859, — Vice-Amiral le
17 août suivant.

1859. — (2 juillet)

Baron MÉQUET,

Capitaine de vaisseau, Commandant la Marine
en Algérie par intérim

1859. — (7 juillet)

DU BOUZET,

Contre-Amiral, Commandant la Marine en Algérie

1860. — (2 avril)

BAUDIN,

Contre-Amiral, Commandant la Marine en Algérie

1861. (1er mai)

FAVEREAU,

Commissaire ordonnateur, Commandant la Marine
en Algérie par intérim

1870. — (24 octobre)

Henry DIDIER,

Procureur de la République près le Tribunal de la Seine est nommé Gouverneur général civil de l'Algérie

1870. — (28 octobre)

WALSIN-ESTHÉRAZY,

Général de Division

chargé du Gouvernement général intérimaire de l'Algérie, par ordre du Ministre de l'Intérieur, Ministre de la guerre, par intérim, forcé, pour éviter une effusion de sang, de quitter le commandement qui lui avait été confié, remet le commandement provisoire de l'Algérie à M. le général de Division LICHTLIN, commandant dans le moment la Division d'Alger.

1870. — (16 novembre)

Charles du BOUZET,

Commissaire extraordinaire dans les trois départements de l'Algérie

1871. — (8 février)

Alexandre LAMBERT,

Commissaire extraordinaire de la République

1871. — (29 mars)

Comte de GUEYDON,

Vice-Amiral

Gouverneur général civil de l'Algérie

1861. (20 mai)

BAUDIN,
Contre-Amiral

1862. (23 octobre)

D'ABOVILLE,
Contre-Amiral, Commandant la Marine en Algérie

1863. — (28 décembre)

LESCURE,
Capitaine de vaisseau, Commandant la Marine
en Algérie

1864. — (24 septembre)

LACAPELLE,
Contre-Amiral, Commandant la marine en Algérie

1867. — (31 octobre)

FABRE la MAURELLE,
Contre-Amiral, Commandant la Marine en Algérie
(Vice-Amiral le 4 février 1872)

1870. — (7 janvier)

GUIRAUT,
Commissaire ordonnateur, Commandant la Marine
par intérim

1870. — (1er février)

FABRE la MAURELLE,
Contre-Amiral, Commandant la Marine en Algérie

1873. — (17 juin)

CHANZY,

Général de Division
Gouverneur général civil de l'Algérie, Commandant
en chef les forces de terre et de mer

1870. — (24 décembre)
M. GUIRAUT,
Commissaire ordonnateur, Commandant la Marine
par intérim

1871. — (9 janvier)
FABRE LA MAURELLE,
Contre-Amiral, Commandant la Marine en Algérie

1872. — (27 février)
TARTARA,
Commissaire ordonnateur, Commandant la Marine
par intérim

1872. — (4 mars)
LE NORMANT DE KERGRIST
Contre-Amiral, Commandant la Marine en Algérie
nommé Gouverneur de la Martinque
le 5 février 1875

1873. — (13 décembre)
DU PIN DE SAINT-ANDRÉ,
Capitaine de vaisseau, Commandant la Marine
par intérim

1873. — (23 décembre)
LE NORMANT DE KERGRIST,
Contre-Amiral, Commandant la Marine en Algérie

1875. — (26 janvier)

TARTARA,

Commissaire-ordonnateur, Commandant la Marine
par intérim

1875. — (8 février)

LE NORMANT DE KERGRIST,

Contre-Amiral

1875. — (1er mars)

LE COURIAULT DU QUILIO,

Contre-Amiral, Commandant la Marine en Algérie

1875. — (13 septembre)

MICHAUX,

Capitaine de vaisseau, Commandant la Marine
par intérim

1875. — (22 novembre)

LE COURIAULT DU QUILIO,

Contre-Amiral

TROISIÈME PARTIE

EXPOSÉ GÉNÉRAL

DU LITTORAL

DE L'ALGÉRIE

TROISIÈME PARTIE

Pour compléter cette monographie, nous allons donner un aperçu sommaire de la côte algérienne. On verra, d'après cet exposé, que la plupart des ports du littoral de notre belle colonie sont en voie de prospérité.

On sait que le territoire de l'Algérie dont les limites au Sud sont : le grand désert de Sahara, à l'Est la Régence de Tunis et à l'Ouest l'Empire du Maroc est baigné par la Méditerranée sur toute son étendue ; c'est-à-dire 1,000 kilomètres environ.

Les ports du littoral sont, en se dirigeant de l'Est vers l'Ouest : la Calle, Bône, Philippeville, Stora, Collo, Bougie, Djidjelli, Dellys, Alger, Cherchell, Ténès, Mostaganem, Arzew, Mers-el-Kébir, Oran et Nemours.

On pourra bientôt ajouter à cette nomenclature le port de Beni-Saf (quartier d'Oran).

LA CALLE

Cette ville est située sur un rocher isolé au fond d'une baie : elle est entourée par la mer, excepté à l'Est, où s'étend une plage de sable d'environ 150 mètres de longueur, c'est le centre des pêcheries de corail que la France a établies sur cette côte depuis le seizième siècle et dont l'exploitation a été étendue sur la mer dépendant de la Régence de Tunis par le décret du 24 octobre 1832.

Le privilége exclusif de la pêche du corail, le long de la côte d'Afrique dépendant de la Régence d'Alger, concédé à la France, remonte à l'année 1560. — La Calle s'appelait alors Mers-el-Karez (le port aux breloques). A cette époque, un certain nombre de négociants, la plupart marseillais, formèrent une association qui fut connue sous la dénomination de Compagnie d'Afrique jusqu'en 1799, époque de l'expédition des Français en Egypte. Le premier établissement qu'ils formèrent fut le bastion de France, entre la Calle et le cap Rosa. Ils s'y maintinrent jusqu'en 1694, époque à laquelle la Compagnie crut devoir l'abandonner pour aller établir le siége de ses opérations à la Calle.

Après des vicissitudes diverses ce nouvel établissement était en pleine vigueur lorsque la guerre éclata tout à coup en 1827, entre la France et la Régence La Compagnie dut, par suite, abandonner la Calle qui fut détruite par les troupes du Dey.

La Calle est à 80 kilomètres de Bône et à 15 kilomètres environ de la frontière de Tunisie et a été occupée définitivement par les Français en 1836. — Aux environs sont les mines de fer de l'Oued-el-Arough, les mines de plomb de Kefoun-Theboul et plusieurs forêts de chêne liège en pleine exploitation. — Malheureusement l'accès du port de la Calle est loin d'être facile par mauvais temps. — Dès que les vents du N.-O. soufflent avec la moindre violence l'entrée en est à peu près impossible et pourrait avoir un résultat fatal pour le bateau qui voudrait le franchir. Aussi, M. le Gouverneur général de l'Algérie, dans sa bienveillante sollicitude pour tout ce qui touche aux intérêts et au développement commercial de notre colonie, a-t-il fait comprendre la Calle dans le nombre des points du littoral où des travaux doivent être faits, et, dans un avenir qu'il nous est permis d'entrevoir très-prochain, nous verrons la Calle doté d'un excellent port, ce qui donnera à son importance incontestable un nouvel essor de prospérité.

Sur la presqu'île à gauche de l'Est est élevé un phare à feu fixe rouge dont la portée est de 10 milles (18 k. 520 m.).

A 12 kilomètres de la Calle se trouve le lac Mélah, étang salé. — C'est un grand bassin de 860 hectares environ, alimenté par plusieurs cours d'eau : l'Oued-el-Arough, l'Oued-ben-Malek, l'Oued-souk-el-Giber et l'Oued-sidi-Messaoud. — La communication de ce lac avec la mer se fait par un canal naturel long de 1,200 mètres environ.

La Calle a été érigée, en 1875, en direction de port militaire.

BONE

La ville de Bône est située sur la côte orientale du golfe de ce nom. — Son avant-port mesure une superficie de 80 hectares et son arrière-port, ou *darse*, est de 10 hectares par un fond de 6 mèt. Le golfe de Bône est formé dans sa partie orientale par le cap de Garde et dans sa partie occidentale par le cap Rosa, surmontés : le premier, par un feu tournant de 30 secondes en 30 secondes, et le deuxième, par un feu fixe ; leur portée est de 10 à 12 milles.

En outre, trois phares ont été établis à Bône,

savoir : le premier sur le fort Génois, feu fixe ;
le deuxième sur la Pointe-du-Lion, à 1,400 mètres
dans le N.-E. du port, feu fixe portant à 10 milles
et le troisième sur la Pointe-Cigogne, feu fixe
portant à 8 milles.

A 300 mètres de la ville se trouve la citadelle
ou Casbah, qui commande la rivière et la rade ;
quatre autres forts en gardent les aproches.

Bône est sans contredit une des plus jolies villes
de l'Algérie : « Sous ce beau ciel, dit M. E.
« Bavoux, à travers cette atmosphère si limpide
« et transparente, au fond de cette belle rade
« dans laquelle entre majestueusement la mer
« azurée comme le ciel, se dessine élégamment
« la ville de Bône avec ses murailles blanches.
« Protégée par le fort Génois, dont le nom trahit
« l'origine, elle est dominée par la Casbah, cons-
« truite sur le sommet de la seconde colline. Un
« rocher auquel la nature a donné la forme d'un
« lion semble l'un des hôtes de ces rivages, pré-
« posé là comme une sentinelle à la garde de la terre
« natale... Bône a considérablement perdu de sa
« physionomie originale, grâce aux nouvelles rues
« percées à la française et garnies de boutiques
« de nos marchands, grâce à ses nouvelles
« places... »

Le territoire de Bône est riche en mines de

cuivre et de fer ; près de la baie de Takouck, dans l'arrondissement même de Bône, se trouvent les les mines de cuivre d'Aïn-Barbar, qui appartiennent à la compagnie anglaise · *The Algérian minéral company limited*.

Ces mines dont la première exploitation remonte à environ 15 ans sont en bonne voie de prospérité.

Tous les minerais d'Aïn-Barbar contiennent une proportion notable de zinc et une certaine quantité de plomb auquel est allié de l'argent dans la proportion de 500 grammes d'argent par tonne de minerai. A l'état de régule la proportion s'élève à 1 k. 200 d'argent par tonne.

La quantité annuelle de minerai expédié d'Aïn-Barbar s'élève à environ 2,000 tonnes.

A peu près à mi-distance entre Takousch et le cap de Garde se trouve le petit port de Sidi-Bou-zaïd, point d'embarquement des produits des mines d'Aïn-Barbar.

Le commerce de Bône consiste principalement dans l'exportation des céréales, huiles d'olive, cuirs, laines, cire, bestiaux et minerais de fer.

C'est le centre d'un quartier d'Inscription maritime, dirigé par un sous-commissaire ; on y a établi en 1873 un service régulier de pilotage.

A 22 kilomètres de Bône se trouvent les ruines

d'Hippone, ancienne cité romaine, patrie de saint Augustin. La translation de France en Algérie des reliques du saint Docteur a été effectuée en novembre 1842, par le bâtiment à vapeur le *Gassendi*, commandant Bérar, et la chapelle où elles sont déposées est située sur la principale colline où s'élevait autrefois cette ville.

L'occupation définitive de Bône par les Français en mars 1832, rappelle le beau fait d'armes accompli par les marins de la *Béarnaise* (Voir 2e partie, page 52 et suivantes).

PHILIPPEVILLE

Cette ville a été fondée en 1848 par le maréchal Vallée, alors Gouverneur général de l'Algérie, sur les ruines de Russicada, ancienne cité romaine très-importante. C'est le lieu de transit et d'entrepôt de la plus grande partie du commerce entre la France et l'Est de l'Algérie.

Le port de Philippeville, autrefois inabordable, est devenu aujourd'hui, grâce aux travaux considérables qui y ont été exécutés un véritable port que les intérêts de l'humanité et du commerce réclamaient très-vivement. Un service d'Inscription maritime y a été créé en 1875 ainsi qu'un service régulier de pilotage pour l'entrée et la sortie des nombreux bâtiments de commerce qui fréquentent ce port.

Les environs de Philippeville sont très-pittoresques et très-fertiles ; on y trouve des marbres très-beaux dont l'exportation est assez importante. Les autres objets exportés consistent notamment en grains, huiles, bois, liéges, bestiaux, laines, cuirs et minerais de fer.

Philippeville est situé à une faible distance de l'embouchure de la rivière Saf-Saf, à 375 kilomètres d'Alger et à 83 kilomètres de Constantine, ville à laquelle elle se trouve reliée par un chemin de fer.

STORA

A 5 kilomètres de Philippeville se trouve la petite ville de Stora, dont le port, en raison de sa proximité de celui de Philippeville, offre peu de ressources au commerce maritime. Mais comme station de pêche et de fabrication de salaisons, ce point est le plus important de la côte est de l'Algérie.

Le golfe de Stora n'est pas toujours praticable « Quand le vent s'engouffre dans toute cette baie, la mer devient promptement grosse, ce qui en rend le mouillage très-difficile. Ce phénomène ne peut guère s'expliquer que par la configuration des côtes et la manière dont le vent s'engouffre dans cet enfoncement [1]. »

Il existe deux phares à Stora : le premier est situé sur l'îlot des Singes, à l'est de la ville, et le deuxième sur l'île Srigina, à l'ouest du golfe.

Ces feux sont fixes et ont une portée de 8 à 10 milles.

Stora a été conquise par les Français en juillet 1838. Les opérations militaires y ont eu jusqu'en 1843 une telle importance, qu'on y plaça un officier supérieur de la Marine et un bâtiment stationnaire.

COLLO

Le port de Collo servait autrefois de débouché aux produits de la province de Constantine, mais depuis la fondation de Philippeville son commerce a perdu une grande partie de son importance. Aujourd'hui sa principale industrie est la pêche du poisson exploitée presque exclusivement par des Italiens et des Napolitains, en grande partie naturalisés français.

---

[1] Rapport de M le contre-amiral Graeb, sur son inspection des ports du littoral en juillet 185·

Dans son étude des ports de l'Algérie, M. l'Ingénieur hydrographe Lieussou dont la Marine a eu à déplorer la mort prématurée, signale le mouillage de Collo comme offrant un abri précieux pour les bâtiments qui sont assaillis par le mauvais temps. Un phare est élevé à l'extrémité de la première pointe sud de la baie ; la portée de son feu est de 4 milles.

Collo fut prise par le général Baraguay-d'Hilliers, le 4 avril 1843.

En 1871, les immenses forêts qui l'entourent à l'ouest, à l'est et au sud, furent incendiées par les Kabyles.

Un service de port a été créé à Collo en 1872.

DJIDJELLI

Djidjelli est une petite ville forte située sur une presqu'île rocheuse, près de laquelle les Français débarquèrent en 1664 (Voir 1re partie, page 20).

A peu près détruite par le tremblement de terre du 23 août 1856 (Voir 2e partie, page 81), Djidjelli est complétement relevée de ses ruines. C'est le centre d'un commerce assez considérable en laines, tissus, cuirs, bois et grains. Au nord du mouillage, sur la deuxième roche des brisants, se trouve situé le phare dont le feu fixe est d'une portée de 8 milles.

Aux environs de Djidjelli, tout près du cap Cavallo, se trouvent les mines de plomb argentifère de MM. Trabet, de Marqué et Barbaroux; ces mines sont en pleine exploitation, et des recherches faites dans les montagnes environnantes ont amené la découverte de gisements de cuivre à l'état natif; on y trouve aussi du fer, du kaolin, de l'antimoine et du pyrite de fer.

L'occupation de Djidjelli par les Français date du 13 avril 1839; quelques mois auparavant l'équipage du brick de commerce français l'*Indépendant* qui avait fait naufrage dans les environs fut fait prisonnier par les Kabyles qui réclamèrent pour sa rançon 1,200 talaris, (environ 5,400 fr.) C'est à la suite de cet événement que Djidjelli fut prise par le chef d'escadron d'Etat-Major de Sale.

En 1871, les Kabyles investirent cette ville, après avoir pillé et incendié les fermes disséminées dans les environs.

Le 7 juin et les jours suivants, des attaques assez sérieuses eurent lieu contre la place; l'*Armide*, corvette cuirassée, venue de Dellys où elle avait été remplacée par l'aviso le *Renard*, contribua puissamment à la défense en envoyant à terre sa compagnie de débarquement avec celle de l'aviso le *Forfait* ; et lorsque les Arabes arrivaient en grand nombre, le *Forfait* se rapprochait de la côte pour les mitrailler pendant que l'*Armide* lançait des obus.

Des attaques incessantes eurent lieu jusqu'au 26 juillet, époque à laquelle le colonel commandant la place se décida à aller soumettre les Beni-Ratten. Une chaloupe montée par 6 marins de la Direction du port et 6 zouaves, en longeant la côte et en tirant sur les contingents ennemis protégea très-efficacement la rentrée des troupes qui s'effectua par le bord de la mer.

BOUGIE

Bougie est l'ancienne capitale du royaume des Vandales ; elle a appartenu aux romains sous le nom de Saldoë, puis aux Berbères sous celui de Bedjaïa, (d'où dérive le nom actuel). Bougie, au rapport des historiens espagnols, était encore dans les premières années du xvi° siècle une ville considérable ; elle comptait à cette époque huit mille maisons et 48,000 habitants ; mais, « les citoyens « occupés d'amusements puérils comme sonnerie « d'instruments musicaux et d'autres jeux, ne « tâchaient à autre chose qu'à se donner du bon

« temps et à vivre joyeusement, au moyen de
« quoi ils en étaient tout apoltronis. »

Quand les Français s'en emparèrent le 29 septembre 1833, l'ancienne capitale des Berbères comptait à peine 200 maisons habitées.

Le golfe de Bougie commence au cap Cavallo et finit au cap Carbon; mais cet enfoncement n'offre d'abri véritable que dans sa partie occidentale. Quoi qu'il en soit, la baie de Bougie dont la partie abritée est de 6 à 700 hectares par des fonds de 7 à 16 mètres, est, sans contredit, l'un des meilleurs mouillages de l'Algérie.

« La rade de Bougie, dit Lienssou (ann : hydro-
« graphiques 1850) offre naturellement un bon
« mouillage d'hiver, susceptible d'abriter une
« flotte entière, facile à prendre et à quitter par
« tous les temps. C'est le seul emplacement sur
« les côtes de l'Algérie qui se prête à la création
« d'un grand établissement naval. »

On y a entretenu jusqu'en 1845 un bâtiment stationnaire.

Sur le fort Abd-el-Kader, à droite de l'entrée du port est élevé un phare à feu fixe rouge dont la portée est de 3 milles.

Il existe dans les environs de Bougie des moulins à huile qui livrent au commerce de grandes quantités d'huiles comestibles rivalisant avec les meilleures huiles de Provence. Les objets et denrées exportés sont : les liéges, les figues sèches, les caroubes, les huiles à savon et à manger, les blés, les orges, les laines de Bou-Sâada, les cuirs, le miel, la cire, les minerais variés de l'Oued-Agnoun, etc.,etc.

En 1871, Bougie fut un des principaux points de mire des Kabyles. Ils se ruèrent plusieurs fois contre cette place avec une rage que le fanatisme seul peut inspirer, mais ils furent constamment repoussés avec des pertes énormes.

Dès le 4 mai, les nouvelles apportées à Alger par l'aviso le *Kléber* étant peu rassurantes M. le Gouverneur général donna l'ordre d'y envoyer une corvette cuirassée ; la *Jeanne-d'Arc* fut expédiée immédiatement et le 7, le *Limier* et le *Renard* (avisos à vapeur) partaient, le premier d'Alger et le *Renard* de Dellys pour surveiller la côte aux environs de Bougie, Djidjelli et Collo et se porter sur les points où leur présence paraîtrait nécessaire.

Dans la journée du 8 mai l'action fut engagée sérieusement et les Kabyles arrivèrent jusqu'au blockaus Salomon au bord de la mer. Le *Limier* et le *Renard* appareillèrent aussitôt pour se rapprocher de la plage ; la chaloupe et le canot à vapeur de la *Jeanne-d'Arc* furent en-

voyés spontanément pour concourir à l'action
A 7 heures du soir les Kabyles étaient repoussés
laissant 200 morts sur le terrain. De notre côté,
nous avons eu un marin tué et 3 blessés.

En parlant des marins, M. le directeur du port
de Bougie dans un de ses rapports s'exprime ainsi :

» On ne parle plus que de la *Jeanne-d'Arc*
« et de ses marins ; en fait, ils se sont conduits
« avec un entrain qui est d'un bon exemple pour
« tous. »

Le *Magenta* (frégate cuirassée), portant le
pavillon de M. le contre-amiral Devoulx, alla peu
après visiter les navires détachés de l'escadre ;
pendant son séjour sur rade de Bougie il eut, de
concert avec la *Jeanne-d'Arc*, à envoyer chaloupes et canots armés en guerre pour aider à disperser à coups de canon les Kabyles qui s'étaient
avancés sous les murs de la ville. Dans les divers
engagements qui eurent lieu, l'un des fourriers
de la *Jeanne-d'Arc* fut tué et 3 matelots sont
morts des suites de leurs blessures.

Bougie est situé à 229 kilomètres de Constantine et à 240 kilomètres d'Alger.

DELLYS

La fondation de Dellys remonte à l'année 1088 ;

elle a été bâtie par les Arabes sur les ruines mêmes de Rusucurrum, ancienne cité romaine qui
fut très-puissante sous l'empereur Claude (l'an 50
de J.-C.)

Dellys fut occupée par l'armée française sous
les ordres du maréchal Bugeaud, le 7 mai 1844,
et sa création, comme centre de population européenne, date du 2 mars 1845. Son port est le seul
débouché d'une partie de la Kabylie occidentale
et fait un assez grand commerce d'huiles et de
fruits secs.

« Le port de Dellys, dit M. Lieussou, dont on
ne peut récuser la compétence, offre un abri précieux en hiver aux bâtiments qui, se rendant de
France à Alger, se trouvent sous ventés par les
coups de vent d'O. et de N.-E. qui règnent
fréquemment pendant cette saison et peuvent y
attendre le retour du beau temps pour atteindre
leur destination Par les vents de N.-E., la mer
y est très-grosse et la communication avec la terre y est souvent impossible, mais la tenue de la
rade est bonne, et si quelques bâtiments en petit nombre (6 en 10 ans) ont été jetés à la côte,
cela tient à un manque de précautions de la part
des capitaines et surtout au mauvais état de leurs
amarres. »

Près du débarcadère, au N.-O. de la ville, se

trouve un phare à feu fixe rouge, qui se voit à 15 milles en mer.

Dellys a rendu de grands services comme base d'opérations militaires dans la grande Kabylie. La grande Kabylie a une étendue de côtes d'environ 140 kilomètres. Elle est limitée au sud par l'Oued-Akbou, qui coule au pied du Djurjura et va, sous le nom de Bedjaïa, affluer à la mer sous les murs de Bougie.

En 1871, Dellys fut bloquée par les Kabyles qui tentèrent à différentes reprises de s'en emparer, mais ils furent chaque fois repoussés avec pertes.

A la date du 18 avril, M. le contre-amiral Fabre la Maurelle, commandant supérieur de la marine en Algérie, recevait par un bateau pêcheur venant de Dellys une lettre de M. le Directeur du port, lui annonçant que de nombreux contingents Kabyles se dirigeaient sur la ville et que l'on avait presque la certitude d'être attaqué dans la nuit ; les colons des environs avaient abandonné leurs fermes, et ceux qui n'avaient pas suivi cet exemple avaient été assassinés ; plus de télégraphe, toute communication par terre impossible. La position était d'autant plus critique qu'il n'y avait pour défenseurs à Dellys que 450 hommes de divers corps y compris la milice.

L'aviso le *Limier* y fut immédiatement envoyé ; il y arriva le 19 avril au matin et concourut à la défense de la place en envoyant des obus sur les masses kabyles groupées sur les sommets environnants ; le soir le *Limier* mettait à terre sa compagnie de débarquement et un obusier de 4. Ces marins furent chargés de la défense de deux bastions.

Le 23, l'aviso le *Daim* fut envoyé porteur de dépêches à Bougie. A son passage à Dellys il prit activement part à un engagement qui avait lieu entre les Kabyles et l'aviso le *Limier* ; le faible tirant d'eau du *Daim* lui permit de serrer la côte de très-près et de faire feu avec succès sur les Arabes qu'il parvint à disperser.

Dellys est à 77 kilomètres dans l'est d'Alger.

ALGER

La ville d'Alger est située à 36° 57' 20" latitude nord et à 0° 44' 10" longitude ouest du méridien de Paris.

Bâtie en amphithéâtre sur le versant nord de l'une des dernières ramifications du Sahel, elle peut être représentée par un triangle dont le sommet s'élève à 140 mètres environ au-dessus du niveau de la mer et dont la base est baignée par les eaux du port sur un parcours de 1,600 mètres.

« On peut voir en Orient, dit M. X. Marmier, beaucoup de villes construites dans le genre d'Alger : maisons carrées comme des dés, façades blanchies à la chaux, galeries à terrasses ; mais je n'en connais pas une qui présente, comme celle-ci, une masse si imposante de constructions, si serrée et si compacte, qu'on la dirait taillée d'un seul bloc dans une carrière de marbre..... » Abou Mohamed el Abdery, le savant maure de Valence, écrivait un des premiers au XIIIᵉ siècle, à propos d'Alger : « C'est une ville qu'on ne peut se lasser d'admirer et dont l'aspect enchante l'imagination. Assise au bord de la mer, sur le penchant d'une montagne, elle jouit de tous les avantages qui résultent de cette position exceptionnelle : elle a pour elle les ressources du golfe et de la plaine. Rien n'approche de l'agrément de sa perspective. »

L'enfoncement circulaire qui constitue la baie d'Alger se termine à l'ouest à la Pointe-Pescade et à l'est, au Cap Matifou. Au temps de la Régence le cap Matifou servait souvent de retraite aux corsaires algériens. C'est sur ce point que Charles-Quint, après sa malheureuse expédition contre Alger se réfugia avec les débris de son armée.

Le port d'Alger, situé au fond d'une des plus belles rades de la Méditerranée, est presque tout entier une création des Français. Il a une superficie de 90 hectares limitée par deux jetées dont l'une, celle du nord, partant de l'ancien port turc, mesure 900 mètres, tandis que celle du sud, partant du fort Bab-Azoun en a 1,235. Il peut contenir 30 bâtiments de guerre et 300 navires marchands de 100 à 150 tonneaux. L'entrée du port d'Alger est indiquée par deux feux fixes situés: le premier, (feu vert) sur le musoir de la jetée du sud, et le deuxième, (feu rouge) sur le musoir de la jetée du nord.

Leur portée est de 9 milles.

Au point de vue administratif, le port d'Alger est placé à l'égard de ceux de la côte comme un quartier centralisateur, par rapport à des sous-quartiers.

C'est le siége du Gouvernement général, de la Haute Administration, la résidence de l'archevêque métropolitain, des commandants supérieurs de la marine, du génie, de l'artillerie et des consuls généraux étrangers.

Entre le Fort-Neuf et le fort Bab-Azoun s'étend le boulevard de la République que supportent des magasins voutés, docks gigantesques, et longeant la mer sur une longueur de 2,000 mètres.

A l'extrémité nord du port se trouve l'îlot de

l'Amirauté, l'ancienne île des Beni-Mez'ramna.
En 1510 les Espagnols y construisirent une grosse
tour octogone, bien munie de canons et de soldats, et comme elle n'était éloignée de la ville
que de 200 mètres, ils pouvaient battre cette dernière de leur artillerie quand il leur plaisait (Voir
page   de ce volume). Mais ils furent délogés
de cette position formidable par Kaïr-Ed-Din en
1530. La tour *El-Penon d'Argel* [1] comme l'ap-
pelaient les Espagnols, fut immédiatement rasée,
et les pierres provenant de sa démolition, ainsi
que d'autres matériaux, servirent à construire la
magnifique jetée qui rattache aujourd'hui cette
île avec la ville d'Alger. Cette jetée porte encore
le nom de son fondateur.

A l'entrée de l'îlot de l'Amirauté s'élève un
édifice surmonté d'un dôme et qui était destiné
autrefois au Koptan ou chef de la marine algérienne, il sert aujourd'hui de logement au contre-amiral commandant la marine en Algérie.

Dans la façade occidentale de ce monument à
gauche du cintre de la grande voûte on voit une
inscription turque gravée sur une plaque de marbre en caractères creux remplis de plomb.

---

[1] Un phare a été élevé sur l'emplacement même
qu'occupait cette forteresse, son feu a une portée de
8 milles environ.

Voici la traduction de cette inscription d'après
M. Albert Devoulx, conservateur des archives arabes du Service de l'Enregistrement et des Domaines.

(1re ligne) « A : ssis les fondations de cette
« construction, le Gouverneur d'Alger et son Sul-
« tan. ·. Hossaïn-Pacha, dont la sollicitude est la
« préoccupation constante. »

(2e ligne) « Je dis : Ses intentions semblables
« aux pierres précieuses, le portent à rechercher
« la guerre sainte pour plaire à Dieu ; ·. Que
« la vérité [1] place toujours la victoire devant son
« étendard !

(3e ligne) Lorsque cette construction eut été
« terminée et qu'elle se fut dressée au-dessus des
« fondations, en arceaux reliés les uns aux au-
« tres, ·. Afin qu'elle reste comme une trace (de
« son règne) ; et après que l'édifice élevé par cet
« homme généreux eut été solidement établi.

(4e ligne) « Ses fenêtres firent face à la mer
« et son dôme s'élança vers le ciel, ·. Il devint
« la demeure des Koptans [2], de ce champion de
« la guerre sainte, de ce conquérant.

(5e ligne) « Ainsi a été établi un kiosque (kou-
« chk) de forme nouvelle, en sorte que la langue
« est impuissante à décrire cette habitation.

---

[1] Dieu.
[2] Amiraux, chefs de la marine algérienne.

(6ᵉ et dernière ligne)« Et que nulle louange
« ne serait suffisante, sa date concorde avec ces
« mots : .˙. Quelle chose Dieu a voulue ! Son achèvement a eu lieu par les décrets de perfection [1]
année 1242 [2].

L'on est complétement fixé aujourd'hui sur
l'origine d'Alger. Cette question longtemps livrée
aux conjectures plus ou moins probables des cri-
tiques a fini par être résolue. Une inscription re-
cueillie sur les lieux mêmes et confirmée depuis
par de nouvelles découvertes, ne permet plus de
douter que la ville actuelle occupe à peu près la
position de la cité romaine d'Icosium.

CHERCHELL

Le port de Cherchell est situé dans une petite
anse circulaire dont l'ouverture est tournée vers
le N.-O. ; il peut recevoir 40 à 50 bâtiments de
100 à 150 tonneaux.

A l'entrée de la rade, on remarque un îlot ou
plutôt un banc de pierre et de sable qui abrite le
port de la mer soulevée par le vent du nord tou-

---

[1] L'un des attributs de Dieu.

[2] Cette année concorde avec celle de 1826 de l'ere
chrétienne.

jours dangereux dans ces parages. Ce rocher est signalé dans nos cartes sous le nom d'îlot Joinville, il a été relié à la terre ferme au moyen d'une jetée à l'ouest et surmonté d'une superbe tour en pierre de Cassis qui supporte un phare à feu fixe de second ordre.

Cherchell a été bâtie sur l'emplacement même des ruines de l'ancienne capitale de la Mauritannie Cæsarienne (Juliæ Cæsaræ) édifiée elle-même sur les ruines de l'antique Iol, la ville punique. Elle fut très-florissante sous la dénomination romaine ; on y découvre de nombreux vestiges d'architecture et de sculpture qui témoignent de sa splendeur passée.

Cherchell est le débouché d'une partie de la Mitidja et de la vallée du haut Chélif, l'entrepôt de Miliana, de Tenied-el-Haâd et de toute la petite Kabylie qui s'étend des extrêmes limites occidentales de la Mitidja à l'Oued-Dahmous.

On y a entretenu jusqu'en 1843 un bâtiment stationnaire, et, depuis 1875, le Directeur du port a été remplacé par un administrateur de l'Inscription maritime.

Cherchell fut occupée par l'armée française le 13 mars 1840, sous le commandement du maréchal Vallée. En 1871 elle fut attaquée ainsi que Zurick et Novi, villages fortifiés situés aux environs, par la tribu des Beni-Manacers. Les avisos *Kléber*, *Forfait*, *Renard*, *Desaix* et *Ampère* furent successivement expédiés d'Alger avec les troupes nécessaires à la défense de ces trois points. — Suivant l'opinion émise par M. le Directeur du port de Cherchell, c'est à la présence de nos avisos stationnant devant Novi que l'on a dû en grande partie le salut de cette place qui, assiégée de tous côtés eut probablement succombé sans les canons de nos navires et les moyens d'action dont ils disposèrent

TÉNÈS

Ténès est située à l'entrée du col par lequel la vallée du Chélif communique à la mer. Cette localité forme deux villes, l'une indigène, le vieux Ténès comme on l'appelle, et l'autre française; cette dernière ne date que de 1843[1], époque à laquelle les français s'y établirent, mais bien qu'elle ne compte que 32 années d'existence elle a déjà les proportions d'une ville de troisième ordre, et chaque jour elle tend à prendre un plus grand développement.

[1] On dut réunir à Ténès dans cette même année un matériel immense et plus de 4 millions de rations.

La ville européenne est éloignée de la ville arabe d'environ 1,500 mètres : elle est bâtie sur l'emplacement même où s'élevait autrefois la colonie romaine (Kartenna) dont les pierres taillées depuis 2000 ans ont servi à construire les maisons nouvelles.

Malheureusement, la rade de cette ville n'est pas très-sûre surtout par les vents du nord-ouest dont elle n'est pas abritée.

A peu de distance se trouve le cap de Ténès formé par une grosse masse de rochers escarpés sur lequel on a établi un phare à feu tournant dont la portée est de 25 milles. Ce promontoire est un des plus remarquables de la côte, il est très-élevé et occupe une longueur de près de trois milles.

Ténès est l'entrepôt naturel d'Orléansville et de Tiaret et fait un grand commerce de grains : il existe sur son territoire des mines de cuivre en pleine exploitation. Son port, en voie de construction, a éprouvé en 1874 des avaries considérables. On s'occupe de protéger ses jetées par des défenses en blocs artificiels assez résistants pour empêcher le retour de pareils accidents.

Sur la terrasse au nord de l'établissement de la marine, se trouve un phare à feu fixe qui se voit à 4 milles en mer

MOSTAGANEM

Là ville de Mostaganem est située à un demi kilomètre de la mer sur le bord d'un ravin au fond duquel coule le ruisseau d'Aïn-Sefra. C'est une ville très-commerçante dont l'exploitation consiste en bestiaux, grains, laines, peaux et fruits secs. Malheureusement la rade ne présente pas grande sécurité aux navires. La partie la moins mauvaise du mouillage est en face de l'embouchure de l'Aïn-Sefra, à la distance d'un mille à peu près. La tenue y est bonne et la profondeur convenable. Comme à Ténès, la rade de Mostaganem n'est pas abritée des vents de N.-O., le *vent noir*, comme l'appellent les Arabes : on va s'occuper d'y construire un port très-vivement réclamé.

Tout près de Mostaganem est Mazagran, devenue célèbre par la défense héroïque d'une compagnie du 1er bataillon d'Afrique en février 1840.

Les Français ont pris possession de Mostaga- en juillet 1833 (Voir le tableau chronologique page   )

Le phare de Mostaganem est situé sur le plateau à l'ouest de l'établissement de la direction du port : feu fixe, portée : 10 milles.

ARZEW

Arzew est située à 5 millès au N.-O. de l'embouchure de la Macta et occupe la face occidentale du golfe de ce nom. C'est une petite ville fortifiée, avec une très-bonne rade qui offre un excellent ancrage et un abri assuré contre les vents dans toutes les saisons : « Cet excellent mouillage, dit M. Lienssou, (Annales hydrog. 1850) sera un jour le grand port marchand de la province d'Oran, comme Mers-el-Kebir en sera le grand port militaire. »

A une faible distance, au sud d'Arzew, sur la crête d'un plateau, on trouve de nombreux débris d'anciennes constructions romaines, des vestiges d'un cirque et d'un aqueduc, des citernes, des tronçons de colonnes, etc. Ces ruines sont celles de l'ancienne colonie romaine *Arsennaria*, d'où dérive le nom de la ville moderne.

Dans le territoire d'Arzew se trouvent plusieurs centres agricoles, les belles plaines du Sig et la vaste saline d'Azi-Bazin à 14 kilomètres sud du port.

La construction de la ligne ferrée de Saïda à Arzew, donne au port de cette ville une importance nouvelle. La Compagnie franco-algérienne

paraît disposée à prolonger et à améliorer, à l'aide
de ses propres ressources, la jetée quis ert aujour-
d'hui de débarcadère. Un phare à feu fixe est
établi sur la jetée du port d'Arzew ; sa portée est
de 8 milles (14 kil. 816).

ORAN

La ville d'Oran est bâtie au fond d'un golfe
qni porte son nom. Les deux extrémités de cette
vaste courbure sont : à l'ouest le cap Falcon et à
l'Est la pointe dite de l'*Aiguille*.

Le port d'Oran est peu profond, mais les travaux importants qu'on y a faits en rendent l'accès
facile et sûr à des navires d'un certain tonnage.
Les approches du port sont gardés par les forts
Santa-Cruz, St-Grégoire et Lamoune, placés ; le
premier au sommet, et les deux autres au flanc
septentrional du mont Ramra qui domine la ville.
De plus, ce mont présente sur son flanc méri-
dional une forte lunette. La ville se termine de
ce côté par la vieille Casbah ; à l'Est, on trouve
la nouvelle Casbah ou Château-Neuf qui commande la basse ville et la rade, et au sud de cette
forteresse le fort St-André avec deux lunettes qui
en défendent les approches. Plus loin est le fort
St-Philippe qui, uni au fort St-André par une

forte muraille, commande la plaine qui s'étend à l'Est de la ville.

Quand les Espagnols, sous le commandement du cardinal Ximénès s'en emparèrent en 1509, Oran, d'après Vianelli, était « la ville la plus belle et la plus opulente de l'Afrique. » Aussi les Espagnols étaient-ils convaincus que l'occupation d'Oran était pour l'Espagne de la plus haute importance ; c'est ce qui explique les nombreux ouvrages de défense qu'ils y établirent.

Les Français l'occupent depuis 1832.

Il existe à Oran et dans les environs quelques établissements industriels très-importants tels que : minoteries, fabriques de pâtes alimentaires, moulins à huile, briqueteries, etc. Les principaux produits de son territoire sont : les grains, le tabac, le coton, l'alfa, etc.

C'est le centre d'un quartier d'inscription maritime et d'une station de pilotage.

Le port d'Oran possède trois phares :

1° Feu fixe vert, près l'extrémité du grand môle ; portée 3 milles ;

2° Feu fixe rouge, sur l'extrémité de la jetée du bassin du vieux port ; portée du feu 4 milles ;

3° Feu fixe à l'ouest du vieux port ; portée 4 milles.

MERS-EL-KEBIR

Mers-el-Kebir, le *Portus magnus* des Romains, est située à 8 kilomètres nord-ouest d'Oran et lui est reliée par une belle route taillée en partie dans le roc et qui longe le rivage de la mer.

La rade de Mers-el-Kebir est vaste et sûre et peut abriter de nombreux vaisseaux de guerre. Elle est formée par une pointe de terre qui la défend contre les vents impétueux du nord et du nord-ouest. Au sud, elle est bornée par des terres élevées qui la séparent d'Oran, « cette baie, dit « Eb-Hankal, est tellement sûre et si bien abritée « contre tous les vents qu'elle n'a pas sa pareille « dans tout le pays des Berbères. »

Dans son rapport sur l'inspection des ports du littoral algérien, M. Lieussou en donne la description suivante : « Rade sûre pour 15 vaisseaux, à « l'entrée du canal qui sépare l'Afrique de l'Es- « pagne. Mouillage actuel des navires à destina- « tion d'Oran. Quais de débarquement abrités. « Défense continentale suffisante ; défense mari- « time incomplète. Commandement militaire des « côtes de la province d'Oran. Base d'opérations « pour la flotte en regard de Gibraltar. Aujour- « d'hui port de refuge ; dans l'avenir, grand port « d'agression. Arsenal de ravitaillement et de ré-

« parations . second port militaire de l'Algérie. »

Mers-el-Kebir est pourvu d'un stock de charbon pour l'approvisionnement des bâtiments de l'Etat.

Sur la pointe la plus avancée du port se trouve un phare à feu fixe dont la portée est de 4 milles (7 kil 408 m.)

NEMOURS (Djemmah-Ghazouat)

La ville de Nemours ou Djemmah-Ghazouat, comme l'appellent les Arabes, est située à 150 kilomètres d'Oran et à 34 kilomètres des frontières du Maroc, au fond d'une petite baie sur laquelle s'ouvre une longue et belle vallée.

Comme l'indique d'ailleurs son nom arabe *Djemmah-Ghazouat* (nid de Pirates), Nemours était, avant la conquête française, le repaire d'audacieux écumeurs de mer. Elle est dominée au sud par des roches abruptes sur lesquelles est construit son mur d'enceinte, et à l'est par un mont appelé *Montagne de Touent*.

Le commerce des grains et l'exportation des minerais de fer de Gar-Rouban et de Maziz y prennent un développement assez considérable.

— Malheureusement, l'accès du port n'est pas toujours facile. Il est cependant très-fréquenté par des balancelles espagnoles.

Les Français s'y établirent en septembre 1844.

Un phare est établi sur le sommet de la pointe ouest de la baie de Nemours, la portée du feu est de 8 milles 6 (15 kil. 927 m.)

BENI-SAF

La Compagnie de la minière de Beni-Saf (quartier d'Oran) a commencé en 1875 à la Morsa-Hamed la construction d'un abri qui lui permettra d'embarquer avec sécurité les minerais de fer d'excellente qualité découverts en quantité considérable dans le gîte du Rhar-el-Baroud.

Tous ces ports, à l'exception de Cherchell, Oran, Philippeville et Collo, sont dirigés par des Officiers de vaisseau, qui font en même temps fonctions de Commissaires de l'inscription maritime.

D'après ce qui précède, il est facile de reconnaître que le pays possède des ressources immenses. La disposition naturelle des lieux où se trouvent situés les ports le mieux partagés sous le rapport de l'industrie et des produits de toute nature, forment des rades sûres et offrent au commerce maritime des garanties sérieuses.